Colección
EMPRENDIMIENTO
Y CRECIMIENTO PERSONAL

Pan House
Casa Editorial

Editorial PanHouse®
www.editorialpanhouse.com

Edición general:
Jonathan Somoza
Gerencia editorial:
Mariángely Romero
Coordinación editorial:
Sthephania Silva
Edición de estilo:
Liliana Riaño del Castillo
Corrección ortotipográfica:
Francis Anahis Machado
Diseño, cubierta y diagramación:
Aarón Lares

ISBN: 978-628-7831-47-6

Autor *Best Seller*

RODRIGO RIAÑO DEL CASTILLO

ASÍ PIENSA UN VENCEDOR

Un entrenamiento diario para vencer desde adentro

Pan House

ÍNDICE

Dedicado a Dios, la fuente de toda victoria. A quienes, aunque caen, se levantan una y otra vez creyendo en la verdad de Su Palabra; y a todos los que han decidido no vivir según sus circunstancias, sino conforme a su nueva identidad en Cristo.

SOBRE EL AUTOR

Rodrigo Riaño del Castillo es conferencista internacional, autor *best seller* y líder espiritual con más de cuarenta años de trayectoria como comunicador. Su voz ha acompañado a generaciones desde la radio, pero su verdadero impacto nace de un mensaje que no viene de él, sino de Aquel que lo llamó y le dio propósito.

Formado en teología, comunicación y oratoria, Rodrigo ha aprendido que sus dones son solo herramientas en las manos de Dios. Hoy, su vida y su mensaje reflejan una mente renovada en Él, y su mayor pasión es compartir esa transformación con quienes buscan un nuevo comienzo.

Es *coach* certificado por Maxwell Leadership® para Latinoamérica y fundador de la iniciativa *Devocionales en línea con Dios*, cuyos contenidos han superado los 400 millones de reproducciones y se transmiten en más de cien emisoras en distintos países.

En mayo de 2025 fue distinguido con el Premio Máximo Galardón Colombia, otorgado por la Asociación de Periodistas Independientes, en reconocimiento a su labor como comunicador con propósito.

Rodrigo escribe desde la experiencia, la fe y la convicción de que los verdaderos cambios comienzan desde adentro. Su mensaje no solo informa: transforma. Porque cuando Dios renueva la mente, también renueva la vida.

PRÓLOGO

Hay libros que se leen, y hay libros que te leen a ti. Y hay autores que inspiran ser leídos porque sus vidas respaldan lo que dicen. Rodrigo Riaño del Castillo es uno de ellos.

Así piensa un vencedor no es simplemente un libro de lectura rápida. Es un entrenamiento del alma, un llamado a renovar el pensamiento. No con frases motivacionales ni con esfuerzo humano, sino con la verdad viva y eterna de Dios. Es una guía clara y profunda para todo aquel que quiere alinearse con la identidad que ya le ha sido dada en Cristo. En cuarenta y seis días este libro conduce al lector por un camino espiritual dividido en tres momentos esenciales: reconocer la batalla, renovar la mente y vivir en victoria.

Pero más allá de su estructura y su contenido hay algo que hace a este libro verdaderamente único: el corazón de quien lo escribe.

Rodrigo Riaño del Castillo ha sido, por años, una voz firme en medio del ruido. Su ministerio como periodista y comunicador ha alcanzado a miles de personas en todo el mundo. Su manera de hablar —clara, directa, convincente— y su profundo respeto por la Palabra de Dios lo han convertido en un referente espiritual confiable. Sus *podcasts*, devocionales y libros no solo enseñan, también tocan, confrontan y transforman. No porque Rodrigo se proponga impresionar, sino porque habla desde la autenticidad y la experiencia.

Es precisamente esa experiencia la que lo ha moldeado. Años atrás Rodrigo enfrentó una de las pruebas más duras que puede vivir alguien cuya herramienta principal es su voz: un cáncer de tiroides. Durante el proceso quirúrgico un nervio fue accidentalmente cortado, lo que afectó temporalmente su capacidad para hablar, justo cuando su ministerio alcanzaba nuevos horizontes. Humanamente todo parecía perdido. Pero para Dios era apenas el inicio de un nuevo capítulo.

Durante ese tiempo de dolor, tratamientos intensos y profundo silencio, Rodrigo no se rindió. Eligió creer. Eligió confiar. Eligió declarar, aun sin voz, que su historia no había terminado. Y esa fe no fue en vano. Hoy ha recuperado su voz en un 90 %, y ha salido de esa prueba con una fe más profunda, una visión más clara y una voz —en todo sentido— aún más poderosa.

Rodrigo es un ejemplo vivo para todos aquellos que sienten que Dios los quiere usar, pero que se topan con algo inesperado y doloroso: una enfermedad, una pérdida, una traición, una crisis. Muchos, ante eso, se detienen, pero Rodrigo enseña —con su vida, no solo con sus palabras— que no hay que quedarse allí, que la fe no siempre evita la tormenta, pero siempre sostiene dentro de ella. Que Dios puede usar hasta lo más difícil para formar el carácter de un verdadero vencedor.

Lo conozco desde hace más de treinta años. Para mí es un honor hablar brevemente en este prólogo de un gran vencedor. He conocido diferentes estaciones de su vida. He sido testigo de muchas de sus luchas, pero también de muchos de sus triunfos. Rodrigo no solo escribe sobre la victoria: la vive. No se trata de frases bonitas ni de teorías espirituales. Se trata de una vida entregada, probada y sostenida por la fidelidad de Dios.

Este libro es, en muchos sentidos, una extensión de su historia. Lo que ha vivido, lo ha escrito. Lo que ha aprendido, lo ha compartido.

Lo que ha vencido, lo ha convertido en guía para que otros también puedan vencer. Y eso lo convierte en un autor confiable. Porque no escribe desde la cima, sino desde el camino. Y eso —en un mundo saturado de voces sin raíz— es un regalo valioso.

Así piensa un vencedor no es un libro para pasar por alto. Es un libro para detenerse, orar, anotar, llorar y volver a empezar. Cada día de lectura es un paso hacia una mente renovada y una vida transformada. Porque tú no estás luchando para convertirte en algo que no eres. Estás regresando a tu verdadera identidad: la de un hijo o hija de Dios llamado a vencer.

Así que, abre estas páginas con humildad y fe. Déjate confrontar, consolar y levantar. Porque Dios no ha terminado contigo. Él está recordándote —como lo ha hecho con Rodrigo— que ya eres un vencedor.

Estás frente a una guía real, escrita por un vencedor, para que tú también vivas como tal. Todo comienza aquí con *Así piensa un vencedor.*

«Conozco al autor y sé de lo que escribe. Él es prueba viva de que la fe no solo se predica... se vive».

Álvaro Serna Morales

Pastor, maestro y conferencista con más de cuarenta y cinco años de ministerio. Autor del libro devocional *Triunfando*, y director del programa con el mismo nombre. Su vida está dedicada a inspirar a muchos a vivir en victoria, a seguir a Jesús con un corazón renovado.

ANTES DE EMPEZAR

Cada transformación verdadera comienza dentro, en lo invisible. No empieza con un cambio de circunstancias, sino con un cambio de mentalidad. Este libro es una invitación a emprender un viaje interior, donde no solo aprenderás a pensar como un vencedor, sino que te convertirás en uno.

Quizás llegas a estas páginas después de una batalla interna. Tal vez has vivido momentos donde la derrota parecía más real que la esperanza o, simplemente, sabes que hay más en tu vida de lo que has visto hasta ahora. **Sea cual sea tu punto de partida, quiero decirte algo desde el principio: no es casualidad que estés aquí.**

Así piensa un vencedor no es solo un libro para leer, es un recorrido para vivir, un entrenamiento diario que renovará tu mente, fortalecerá tu espíritu y alineará tu corazón con la victoria que Cristo ya ganó para ti. Este viaje está dividido en tres momentos que reflejan el proceso natural de todo vencedor:

Momento 1. Reconociendo la batalla (días 1-16)

Antes de conquistar el exterior, necesitas identificar las batallas internas. En este primer tramo reconocerás:

- Los pensamientos de derrota que han intentado gobernar tu vida.
- Las mentiras que necesitas desarraigar.
- Los patrones mentales que Dios quiere transformar.

Cada día te llevará a examinar tu mente a la luz de la Palabra y abrir los ojos a realidades espirituales profundas.

Momento 2. Renovando la mente (días 17-32)

Aquí empieza la verdadera construcción. Una vez identificada la batalla, aprenderás a:

- Romper con acuerdos erróneos.
- Construir pensamientos nuevos basados en la verdad de Dios.
- Declarar, creer y vivir en tu nueva identidad.

Este momento es un tiempo de renovación profunda en el que dejarás atrás la vieja manera de pensar para abrazar la mente de Cristo.

Momento 3. Viviendo en victoria (días 33-46)

No basta con pensar diferente: hay que vivir diferente. En este último tramo aprenderás a:

- Sostener una mentalidad de fe, incluso en medio de las pruebas.
- Liderar tu vida y tu entorno con mentalidad de Reino.
- Dejar un legado de victoria para quienes vienen detrás de ti.

Aquí consolidarás tu transformación preparándote para caminar cada día como más que vencedor.

¿Qué encontrarás en cada día de este viaje?

Cada día de este recorrido incluye:

- Reflexión del día: una enseñanza profunda y práctica basada en la Palabra de Dios.
- Ejemplo bíblico: una historia que ilustra el principio enseñado.
- Verdades que transforman: frases de fe para anclar en el corazón.
- Preguntas para meditar: guía para profundizar en tu autoconciencia espiritual.
- Desafío de acción: un reto práctico para aplicar lo aprendido.
- Declaración de fe: palabras para afirmar tu nueva mentalidad.
- Oración del día: conexión espiritual con el poder de Dios.

No estás solo en este proceso. Cada día ha sido diseñado para ser un peldaño firme hacia tu verdadera identidad en Cristo.

Un aviso importante: este libro no fue escrito para ser leído a la ligera. Fue diseñado para ser vivido día tras día, como un entrenamiento de transformación personal. Tómate el tiempo de meditar cada enseñanza, aplicar cada desafío y hacer tuya cada verdad.

Recuerda: no es tu esfuerzo humano lo que te hará un vencedor. Es la obra de Cristo en ti, activada por tu fe y tu disposición a ser renovado. Mientras recorres estas páginas, quiero que recuerdes algo esencial: **no estás luchando para**

convertirte en alguien que no eres. Estás volviendo a ser quien Dios ya dijo que eres: un vencedor.

Prepárate para reconocer la batalla, renueva tu mente con la verdad y vive cada día con la convicción profunda de que **en Cristo ya has vencido.** Ahora sí...

¡Estás listo para empezar!

Con cariño,

Rodrigo Riaño del Castillo

MOMENTO 1

RECONOCIENDO LA BATALLA

Un vencedor no niega la batalla en su mente, pero decide enfrentarla con la verdad de Dios. No se rinde al caos interno, sino que lo somete a la autoridad de Cristo.

Todos peleamos con pensamientos que nos confunden, nos frenan o nos destruyen. A veces, luchamos tanto con nuestra mente que creemos que algo está mal con nosotros. Pero la batalla en tu mente no es una señal de debilidad, sino una invitación a despertar. Aquí comienza el viaje del vencedor: no con una solución mágica, sino con un acto de valentía espiritual. Reconocer la batalla es el primer paso hacia la libertad. En este momento, aprenderás a identificar las fortalezas mentales que te limitan y a ver con nuevos ojos lo que Dios quiere transformar en ti.

NO PUEDES CAMBIAR LO QUE NO IDENTIFICAS. EL PRIMER PASO HACIA LA VICTORIA ES VER CON CLARIDAD.

Día 1

¿Por qué renovar la mente?

La transformación no comienza por lo que haces, sino por lo que piensas.

¿Alguna vez has sentido que por más que intentas cambiar terminas repitiendo los mismos errores? No estás solo en esta batalla. Muchos de nosotros vivimos atrapados en patrones invisibles que sabotean nuestra paz y propósito. Esta es una invitación a mirar hacia adentro, donde realmente comienza el cambio: en la mente.

Muchas personas desean experimentar una transformación: anhelan paz en medio del caos, quieren superar miedos y pensamientos destructivos, desean encontrar propósito y dirección. Pero, a pesar de esos anhelos sinceros, siguen atrapadas en los mismos patrones. Intentan cambiar su conducta, pero terminan repitiendo los mismos errores. Se esfuerzan por mejorar su actitud, pero su mente las lleva de nuevo a pensamientos de derrota.

¿Por qué sucede esto? Porque la verdadera transformación no comienza con un cambio externo, sino con una renovación interna, una renovación de la mente.

La mente es el epicentro de nuestras emociones, decisiones y acciones. Lo que creemos determina cómo sentimos, cómo actuamos y cómo nos relacionamos con Dios, con los demás y con nosotros mismos. Por eso la Biblia dice en Romanos 12:2: «No se conformen a este mundo, sino transfórmense mediante la renovación de su mente, para que comprueben cuál es la buena voluntad de Dios, agradable y perfecta».

Esta no es solo una exhortación espiritual, es una estrategia de vida. Porque todo cambio real y duradero comienza en el pensamiento. La mente es como el volante de un vehículo. Aunque parezca pequeña, define por completo la dirección. No importa cuán potente sea el motor de nuestra vida —los talentos, las intenciones, la energía— si el volante está desalineado, inevitablemente terminaremos fuera del camino. Por eso, el rumbo de tu vida depende de hacia dónde apunta tu pensamiento. Y si no transformamos la manera de pensar, no cambiaremos la manera de vivir.

> *«Derribando argumentos y toda altivez que se levanta contra el conocimiento de Dios, y llevando cautivo todo pensamiento a la obediencia a Cristo».*
>
> **2 Corintios 10:5**

¿Por qué es necesario renovar la mente?

Analicemos las siguientes cuatro razones sobre la importancia de renovar nuestra mente:

1. Porque nuestros pensamientos moldean nuestra realidad

Todo lo que somos y hacemos tiene su origen en un pensamiento. Si pienso con miedo actuaré con inseguridad; si pienso con duda viviré con inestabilidad; pero si aprendo a pensar como Dios piensa, veré la vida con esperanza, con fe y propósito.

> *«Porque cual es su pensamiento en su corazón, tal es él».*
>
> **Proverbios 23:7**

2. Porque venimos con un sistema de pensamiento distorsionado
Nuestra mente ha sido moldeada por la cultura, la familia, las heridas y la sociedad. Muchas veces pensamos desde la herida, desde el abandono o desde la carencia, no desde la verdad de Dios.

> *«El hombre natural no percibe las cosas que son del Espíritu de Dios, porque para él son locura...».*
>
> **1 Corintios 2:14**

3. Porque el enemigo ataca nuestra mente
Satanás no necesita encadenar tus manos si logra atarte en el pensamiento. Su arma favorita es sembrar ideas de miedo, duda, condenación y autosabotaje.

> *«Porque las armas de nuestra milicia no son carnales, sino poderosas en Dios para la destrucción de fortalezas».*
>
> **2 Corintios 10:4**

4. Porque necesitamos conocer la voluntad de Dios

Muchos preguntan: ¿cuál es el propósito de Dios para mi vida? La respuesta está en la renovación de la mente. Solo con un entendimiento renovado puedes discernir y vivir conforme al plan de Dios.

Ejemplo bíblico

Uno de los mayores ejemplos de cómo una mente sin renovar puede limitar una vida con promesa es el pueblo de Israel al salir de Egipto.

Dios los liberó con señales poderosas, partió el mar, los alimentó en el desierto, les prometió una tierra abundante, pero aunque salieron físicamente de la esclavitud, **su forma de pensar seguía atrapada en Egipto.** Murmuraban, temían, se quejaban y, ante cualquier dificultad, querían regresar. Es decir, **Dios los sacó de la opresión, pero ellos no dejaron que Dios transformara su manera de pensar**.

La consecuencia fue contundente: **una generación completa quedó estancada en el desierto,** no porque Dios no pudiera llevarlos, sino porque **ellos no pudieron creerle desde una mente renovada.** Solo Josué y Caleb entraron, porque pensaban conforme a la promesa, no al pasado.

Este relato no es solo histórico; es una advertencia espiritual: puedes salir de una situación, pero si tu mente no cambia, terminarás repitiendo lo mismo en otro lugar. Por eso, **Dios no solo quiere cambiar tus circunstancias, sino también renovar tu mente para que puedas sostener lo que Él quiere darte**.

«No se conformen a este mundo, sino transfórmense mediante la renovación de su mente...».

Romanos 12:2

Esto no solo ocurrió en el desierto con una multitud, también se manifestó en la vida de quienes caminaron cerca de Jesús. Un ejemplo lo vemos en Pedro, uno de los discípulos más cercanos a Jesús, a quien amaba profundamente. Sin embargo, cuando Jesús anunció que iba a morir, cuando el Maestro anunció su camino hacia la cruz, Pedro, movido por buenas intenciones, pero con pensamientos humanos, trató de evitarlo. Por esto, Jesús le respondió con firmeza: «Apártate de mí, Satanás. No piensas en las cosas de Dios, sino en las de los hombres» (Mateo 16:23). Aunque Pedro amaba al Señor, su mente no estaba alineada con el plan divino. Por eso, sin una mente renovada, incluso nuestras mejores intenciones pueden llevarnos por caminos equivocados.

¿Cómo comenzar el proceso de renovación de la mente?

Renovar la mente no es un evento de un día, es una decisión diaria. Es entrenamiento, constancia y rendición a la verdad. Aquí algunos pasos para empezar hoy mismo:

1. Identifica los pensamientos que no vienen de Dios

Pregúntate:

- ¿Qué pensamientos negativos repito constantemente?
- ¿Hay creencias que me han limitado por años?

- ¿Mis pensamientos se alinean con la verdad de Dios o con lo que el mundo dice?

2. Llena tu mente con la Palabra de Dios

La Biblia no solo informa, transforma. Memoriza versículos, decláralos, escríbelos. Habla lo que Dios dice, no lo que el miedo susurra.

3. Filtra lo que permites entrar

No todo lo que escuchas, ves o piensas te conviene. La mente es como un jardín: lo que siembras, cosechas. Si siembras verdad, cosecharás libertad.

4. Ora por renovación constante

No estás solo en este proceso. Pídele a Dios que transforme tu mente. La oración conecta tus pensamientos con la sabiduría del cielo.

Verdades que transforman

- Mis pensamientos determinan mi dirección.
- La mente no es un campo de batalla para perder, sino tierra para conquistar.
- Si renuevo mi mente transformo mi vida.
- La verdad de Dios siempre tiene la última palabra.

- No cambio pensando diferente, cambio creyendo en lo que Dios dice.

Preguntas para meditar

1. ¿Qué pensamientos he dejado que moldeen mi identidad y mis decisiones?
2. ¿Qué voz me ha formado más: la de Dios o la del miedo?
3. ¿Estoy dispuesto a soltar mis pensamientos para abrazar los pensamientos de Dios?

Acción del día

Cierra tus ojos por un momento y visualiza tu mente como una sala de control. ¿Qué tipos de pensamiento están sentados en la silla principal?

Dibuja en una hoja una silla vacía en el centro. Alrededor, escribe los pensamientos que han estado tomando decisiones por ti. Luego, en el centro de la silla, escribe en letras grandes: «Verdad de Dios».

Guarda ese dibujo como recordatorio visual de quién debe gobernar tu mente a partir de hoy.

Declaración de fe

«Hoy decido renovar mi mente en la verdad de Dios. Camino cada día más libre y más fuerte en Cristo».

Oración del día

«Señor, hoy reconozco que necesito renovar mi mente. Muchas veces he permitido que pensamientos negativos, temores y mentiras del enemigo influyan en mi vida, pero hoy decido alinearme con tu verdad.

Ayúdame a identificar los pensamientos que me limitan y a reemplazarlos con lo que tú dices sobre mí. Renueva mi entendimiento y enséñame a pensar como tú piensas. En el nombre de Jesús, amén».

Mañana entenderás por qué tus pensamientos son mucho más que ideas pasajeras: son el timón de tu vida.

Día 2

Tus pensamientos son el timón

Tus pensamientos son el terreno donde germina tu futuro.

Imagina que tienes en tus manos un pequeño timón. Ese timón representa tus pensamientos y tiene el poder de dirigir toda tu vida. No importa cuán grande o pequeño parezca, la dirección en la que gires ese timón determinará el rumbo de todo tu ser. Así como un barco es guiado por un timón, nuestras vidas son dirigidas por los pensamientos que albergamos en nuestra mente. Como dice Santiago 3:4: «Mirad también las naves: aunque tan grandes y llevadas de impetuosos vientos, son gobernadas con un muy pequeño timón por donde el que las gobierna quiere».

Este versículo no solo ilustra el principio natural de dirección, sino que revela un principio espiritual: tu mente es ese pequeño timón que determina el rumbo, incluso en medio de tormentas. Puedes tener vientos contrarios, crisis, emociones o pruebas, pero si tu pensamiento está alineado con la verdad de Dios, tu vida no será gobernada por lo que enfrentas, sino por quién escuchas. No necesitas que el mar se calme, necesitas que el timón esté firme.

Muchas veces subestimamos el poder de nuestros pensamientos. Creemos que son inofensivos, que son solo ideas pasajeras sin mayor impacto. Sin embargo, la Biblia nos enseña que nuestros pensamientos determinan lo que somos y lo que llegaremos a ser.

«Porque cual es su pensamiento en su corazón, tal es él».

Proverbios 23:7

Antes de avanzar, es importante reconocer cómo los pensamientos no solo nos afectan a nivel espiritual, sino que influyen de manera profunda en cada aspecto de nuestra vida. No son ideas pasajeras: son raíces que determinan el fruto que damos. Veamos cómo operan en diferentes dimensiones.

El impacto de los pensamientos

Los pensamientos no solo pasan por tu mente, construyen tu realidad. Estos, no solo afectan lo que creemos, sino también cómo nos sentimos, cómo actuamos y hacia dónde nos dirigimos. Por eso es tan importante prestarles atención para conocer cómo influyen en diferentes áreas de nuestra vida.

Lo primero que debemos comprender es que nuestros pensamientos no son neutros ni pasajeros. Cada uno tiene el potencial de edificar o derribar, de acercarnos a Dios o alejarnos de su propósito. Por eso es tan importante observar cómo, desde lo invisible, ellos influyen en cada área de nuestra vida. A continuación, exploraremos cómo operan en distintas dimensiones:

Nuestros pensamientos moldean nuestra vida. Lo que pensamos repetidamente se convierte en creencia. Si piensas que no eres suficiente, lo terminarás creyendo; pero si piensas que Dios te ha capacitado, vivirás con convicción.

«Porque cual es su pensamiento en su corazón, tal es él...».

Proverbios 23:7

Nuestros pensamientos afectan nuestras emociones. Lo que permitimos en nuestra mente afecta directamente cómo nos sentimos. Si llenamos nuestra mente con temor, viviremos ansiosos. Si nos enfocamos en lo bueno, lo justo y lo verdadero, experimentaremos paz. Por eso el apóstol en Filipenses 4:8 nos dio una lista de aquellas cosas en las cuales debemos pensar.

Nuestros pensamientos determinan nuestras acciones. Nadie actúa sin antes haberlo pensado. Nuestras acciones son el resultado de lo que hemos meditado en nuestra mente.

«Del corazón salen los malos pensamientos...».

Mateo 15:19

Nuestros pensamientos influyen en nuestras decisiones y destino. Cada logro o fracaso comenzó con un pensamiento. Lo que crees determina lo que decides, y lo que decides define tu rumbo. De allí la importancia de «transformar nuestros pensamientos» (Romanos 12:2) y de «llevar cautivo todo pensamiento a la obediencia a Cristo» (2 Corintios 10:5).

Aquí Pablo no habla de pensamientos como ideas sueltas, sino como fortalezas, como estructuras mentales que se levantan contra la verdad de Dios. Algunos pensamientos no solo te distraen, sino que te esclavizan. Por eso, no basta con «pensar en positivo»; hay que derribar, capturar y obedecer. Este versículo es una estrategia de guerra espiritual para gobernar tu mente desde el cielo, porque la victoria se hace realidad en ti cuando haces de cada pensamiento un prisionero de la verdad.

¿Cómo cuidar nuestros pensamientos?

Dado que nuestros pensamientos tienen un impacto tan profundo, es vital aprender a cuidarlos. Aquí te comparto algunas estrategias prácticas:

—Sé consciente de lo que piensas

No dejes que tu mente divague sin control. Pregúntate:

- ¿Estos pensamientos reflejan la verdad de Dios o son mentiras del enemigo?
- ¿Me acercan a Dios o me alejan?
- ¿Qué efecto producen en mis emociones?

—Llena tu mente con la Palabra de Dios

La mejor forma de reemplazar pensamientos negativos es con la verdad de Dios.

«Tu Palabra es una lámpara a mis pies y una luz en mi camino».

Salmos 119:105

—Filtra lo que permites entrar

Así como cuidas lo que comes, cuida lo que consumes con tu mente. Evita ambientes, conversaciones o contenidos que te alimenten de temor, amargura o incredulidad.

—Confiesa la verdad de Dios sobre tu vida

Leer la Palabra es importante, pero declararla en voz alta fortalece tu fe. Cuando sientas que un pensamiento negativo quiere dominarte, reemplázalo con una verdad bíblica. Estos son algunos ejemplos:

PENSAMIENTO NEGATIVO	VERDAD BÍBLICA
«Nunca podré cambiar».	«El que comenzó la buena obra en mí la perfeccionará» (Filipenses 1:6).
«Soy un fracaso».	«Dios me ha dado un espíritu de poder, amor y dominio propio» (2 Timoteo 1:7).
«No soy suficiente».	«Todo lo puedo en Cristo que me fortalece» (Filipenses 4:13).

Ejemplo bíblico

Uno de los relatos más confrontadores sobre la batalla interna por la identidad está en la historia de Gedeón: Israel estaba oprimido por los madianitas, el pueblo vivía escondido, lleno de temor y los recursos eran escasos. En medio de ese caos, Dios no solo quería liberar a la nación, sino transformar primero la percepción de uno de sus hijos y lo hizo empezando por sus pensamientos.

Cuando el ángel del Señor se le apareció a Gedeón, lo llamó de una manera que no coincidía con cómo él se veía a sí mismo, le dijo: «**¡Guerrero valiente!**» (Jueces 6:12). Pero la respuesta de

Gedeón fue: «¿valiente yo?... ¿Cómo voy a salvar yo a Israel? Mi clan es el más débil... y yo soy el menor» (Jueces 6:15). Esta escena revela una batalla que muchos enfrentan: **la diferencia entre lo que Dios dice de ti y lo que tú piensas de ti mismo.** Gedeón no era esclavo de una nación, sino de una idea: que no era suficiente, que no tenía lo necesario, que no podía.

Dios ya lo había escogido, capacitado y enviado, pero su pensamiento seguía atado a su pasado, a su entorno y a su inseguridad y solo empezó a ver la victoria cuando **comenzó a actuar conforme a lo que Dios decía y no a lo que él pensaba.** La transformación de Gedeón no comenzó con una espada, sino con un pensamiento diferente. **Dejó de verse como el más pequeño y comenzó a verse como Dios lo veía: un vencedor**.

Muchos hoy han sido llamados por Dios, han recibido promesas, han orado con fe... pero sus pensamientos aún no han cambiado. Siguen diciendo: «yo no puedo», «no es para mí», «eso es muy grande». No importa cuán poderoso sea el llamado si no tienes una mente que lo sostenga.

Por eso, **pensar como Dios piensa no es orgullo, es obediencia.** Tu futuro no depende solo de tu entorno, sino del timón interno que llamamos mente y, como con Gedeón, cuando tu pensamiento se alinea con el cielo, lo que parecía imposible se vuelve inevitable. Tal como Dios le dijo a Gedeón, también te lo dice a ti:

«Ve con la fuerza que tienes y salvarás a Israel… ¿Acaso no soy yo quien te envía?».

Jueces 6:14

Verdades que transforman

- Cada pensamiento es una semilla con poder de vida o de derrota.
- Lo que pienso hoy afecta cómo vivo mañana.
- Si quiero ver un fruto diferente, debo sembrar pensamientos distintos.
- Dios ya sembró verdad, pero yo decido si la cultivo.
- Pensar como vencedor comienza con creerle a Dios más que al miedo.

Preguntas para meditar

1. ¿Qué pensamientos me han estado limitando últimamente?
2. ¿Estoy alimentando mi mente con verdad o con mentira?
3. ¿Qué cambios puedo hacer hoy para cuidar mejor lo que pienso?

Acción del día

Hoy, haz un inventario de frases que escuchaste en tu infancia o juventud —de padres, maestros, amigos— y que, aunque parezcan pequeñas, marcaron tu manera de pensar. Al lado de cada una, escribe una verdad de Dios que contradiga esa narrativa. Por ejemplo: «Siempre te equivocas» reemplázala por: «Tengo la mente de Cristo y aprendo cada día» (1 Corintios 2:16). Esta vez, no repitas las frases mentalmente, léelas en voz alta como quien escribe una nueva historia.

Declaración de fe

«Hoy tomo el control de mi pensamiento con la Palabra de Dios. Mi mente navega hacia la victoria».

Oración del día

«Señor, hoy reconozco que mis pensamientos tienen un gran impacto en mi vida. Quiero alinear mi mente con tu verdad y rechazar todo pensamiento que no proviene de ti. Ayúdame a identificar las mentiras que han estado gobernando mi mente y a reemplazarlas con tu Palabra. Quiero pensar como tú piensas y ver mi vida desde tu perspectiva. En el nombre de Jesús, amén».

En el siguiente paso descubrirás que Dios no quiere solo mejorar tu conducta; quiere transformar tu manera de pensar.

Día 3

Dios quiere transformar tu manera de pensar

Cambiar tu conducta sin cambiar tu mente es construir sobre arena.

Hay una frase silenciosa que muchos repiten sin notarlo: «Yo soy así y nunca voy a cambiar». Hemos asumido que pensar, sentir o reaccionar de cierta manera es algo fijo, parte de nuestra identidad. Pero esa creencia, aunque común, es una de las mentiras más destructivas que alimentan una mentalidad de derrota.

Sabes, Dios no nos diseñó para quedarnos atrapados en pensamientos limitantes. Al contrario, nos dio la capacidad de transformar nuestra manera de pensar, y con ello, nuestra manera de vivir. Cuando aceptamos a Cristo nuestro espíritu es renovado; pero nuestra mente necesita ser alineada con la verdad de Dios. Por eso, el llamado no es solo a creer, sino a renovar el entendimiento.

> *«No os conforméis a este siglo, sino transformaos por medio de la renovación de vuestro entendimiento, para que comprobéis cuál sea la buena voluntad de Dios, agradable y perfecta».*
>
> **Romanos 12:2**

La transformación que Dios quiere no es cosmética, sino total. Pablo no dice «adapta tu conducta», dice «sé transformado» y la palabra usada en Romanos 12:2 metamorfosis (del griego metamorphoō) implica un cambio tan profundo como el de una oruga en mariposa. Eso significa que Dios no quiere que aparentemos una nueva vida, sino que quiere formar en nosotros una nueva mente. Cuando renuevo mi manera de pensar, dejo de esforzarme por cambiar y comienzo a ser cambiado desde adentro. No se trata de modificar conductas, sino de cambiar el sistema de pensamiento desde la raíz. Porque si seguimos pensando igual que antes de conocer a Cristo, inevitablemente seguiremos actuando como antes porque esos pensamientos limitantes no solo se repiten, sino que se han convertido en patrones.

Un proceso diario

La renovación de la mente es un proceso continuo. Analicemos juntos lo siguiente: cuando Pablo escribe «transformaos» usa el verbo «transformar» en modo imperativo, es una orden que espera que se cumpla en tiempo presente de manera continua, o en un futuro inmediato. Es decir, no es algo que sucede una vez y ya, sino algo que debemos hacer cada día. Cada jornada es una oportunidad para que Dios alinee nuestros pensamientos con su verdad, o una oportunidad para seguir aferrándonos a las mentiras que aprendimos.

> *«Examíname, oh Dios, y conoce mi corazón; pruébame y conoce mis pensamientos. Y ve si hay en mí camino de perversidad, y guíame en el camino eterno».*
>
> **Salmos 139:23-24**

¿Cómo permitir que Dios transforme nuestra mente?

Es importante tener claro que transformar la mente no es algo que ocurre de forma automática ni mucho menos superficial. Es una decisión intencional, diaria y progresiva. Es reconocer que no basta con buenas intenciones: necesitamos herramientas espirituales, disposición personal y la guía del Espíritu Santo para permitir que el cambio ocurra desde lo profundo. Analicemos algunas de las decisiones que nos llevan a transformar nuestra mente:

1. **Examina tus pensamientos**. Hazte preguntas clave: «¿Esto que pienso refleja la verdad de Dios? ¿Me fortalece o me limita? ¿A quién le estoy creyendo?».
2. **Renueva tu mente con la Palabra**. La Biblia es la herramienta más poderosa para reemplazar mentiras con verdad. «Tu Palabra es una lámpara a mis pies y una luz en mi camino» (Salmos 119:105).
3. **Ora para que el Espíritu Santo te transforme**. No es un cambio solo mental o de fuerza de voluntad, es espiritual. Necesitamos la guía del Espíritu para cambiar desde lo profundo.
4. **Cambia tu entorno**. Rodéate de personas y contenidos que alimenten la verdad de Dios en ti. Aléjate de lo que refuerce patrones tóxicos o destructivos. 1 Corintios 2:16 declara que «tenemos la mente de Cristo». Esta no es una frase bonita, es una verdad espiritual: si estoy en Cristo, tengo acceso al pensamiento del cielo y cuando pienso como Él, vivo como Él. La mente de Cristo no razona desde el temor, sino desde la victoria. No se guía por la herida, sino por la verdad. Por eso, renovar

mi mente no es solo pensar diferente, es pensar como Cristo piensa.

Ejemplo bíblico

Cuando hablamos de transformación mental, pocos casos en la Biblia son tan radicales como el del apóstol Pablo. Su historia no comienza como apóstol, sino como enemigo del mensaje de Cristo. Era un hombre admirado por su conocimiento, temido por su fervor y respetado por su religión. Pero detrás de todo eso, había una mente esclavizada por una forma equivocada de pensar. No era rebelde, era sincero, pero sinceramente equivocado.

Antes de encontrarse con Cristo, Pablo —llamado Saulo— era un hombre religioso, educado e influyente, pero con una mente completamente cegada por el sistema religioso. Perseguía a los cristianos pensando que estaba haciendo la voluntad de Dios. Su conducta era violenta, pero su problema no era de conducta, era de pensamiento. **Estaba convencido de una mentira y esa mentira lo hacía actuar como enemigo del evangelio**.

Pero en el camino a Damasco, Jesús no solo lo detuvo, lo cegó para abrirle los ojos espirituales. Durante tres días, Saulo estuvo en silencio, sin vista, sin dirección y sin respuestas. Fue en ese proceso donde **Dios no solo cambió su corazón, sino que comenzó a desarraigar todo un sistema de pensamiento religioso que lo había esclavizado**.

Después de ese encuentro, Pablo no fue simplemente un hombre reformado; fue un hombre **transformado**. Sus cartas posteriores no solo muestran un cambio de conducta, sino una mente completamente alineada con el Reino; el mismo que antes pensaba que Dios quería sacrificios, entendió que lo que Dios quería era gracia. El que pensaba en venganza, ahora hablaba de perdón. **La mente de Saulo murió para que naciera la mente de Cristo en Pablo.** Por eso escribió con autoridad:

> *«No se conformen a este mundo, sino transfórmense mediante la renovación de su mente».*
>
> **Romanos 12:2**

Él no lo dijo como teoría, lo dijo como testigo y esa es una palabra para muchos. Hoy **no necesitas una reforma superficial, necesitas una transformación profunda. Dios no solo quiere que dejes de hacer ciertas cosas, sino que quiere enseñarte a pensar como el cielo piensa; porque cuando cambia tu mente, todo lo demás cambia contigo**.

Verdades que transforman

- Dios no quiere una mejora superficial, sino una transformación profunda.
- Cada pensamiento que decido creer me acerca o me aleja de su propósito.
- Renovar la mente es un proceso diario que requiere intención.
- La Palabra de Dios reemplaza las mentiras que me han limitado.
- No estoy atrapado: en Cristo, mi mente puede ser libre.

Preguntas para meditar

1. ¿Qué pensamientos sigo repitiendo desde antes de conocer a Cristo?
2. ¿Estoy abierto a dejar que Dios transforme incluso lo que considero parte de mi personalidad?
3. ¿Qué verdad bíblica necesito repetir hasta que se arraigue en mí?

Acción del día

Haz un mapa mental: en el centro, escribe el pensamiento más limitante que has enfrentado últimamente. Alrededor, anota sus consecuencias emocionales, espirituales o relacionales. Luego, en la parte externa del círculo, escribe una verdad bíblica que desmonte ese pensamiento. Medita en ella y repítela cada vez que el pensamiento regrese.

Declaración de fe

«Hoy rindo mi mente a Dios. Soy transformado de gloria en gloria por su verdad».

Oración del día

«Señor, hoy reconozco que muchas veces he dejado que pensamientos equivocados gobiernen mi vida, pero quiero cambiar. Quiero que mi mente sea transformada por tu verdad. Ayúdame a identificar las mentiras que he creído y a reemplazarlas con lo que tú dices sobre mí. Espíritu Santo, toma control de mi mente y enséñame a pensar como un vencedor. Confío en que completarás la obra que has comenzado en mí. En el nombre de Jesús, amén».

Al avanzar, comenzaremos a identificar esos pensamientos que se han convertido en patrones y necesitan ser desarraigados.

Día 4

Identificando patrones de pensamiento erróneos

Lo que piensas una vez, influye. Lo que repites, moldea. Lo que toleras, te gobierna.

¿Te ha pasado que, aunque oras y quieres pensar diferente, los mismos pensamientos negativos vuelven una y otra vez? Eso sucede porque no estás lidiando con simples ideas aisladas. Estás enfrentando **patrones de pensamiento** que llevan tiempo construyéndose. Son como caminos repetidos en tu mente, marcados por lo que viviste, lo que escuchaste, lo que creíste y si no los confrontas, terminan moldeando cómo te ves a ti mismo, cómo ves a Dios y cómo vives tu vida.

La Biblia los llama fortalezas: estructuras internas que se levantan contra el conocimiento de Dios (2 Corintios 10:4). Son pensamientos que no reflejan la verdad del cielo, pero que has terminado aceptando como normales. Y aunque no se ven por fuera, por dentro te atan. **Pero Dios quiere romper esos moldes y renovar tu forma de pensar.** Como dice Romanos 12:2, no estás llamado a conformarte con este mundo, sino a ser transformado en tu manera de pensar, hasta que tu mente refleje la suya: una mente libre, firme y llena de verdad.

Esta renovación no ocurre por técnicas humanas ni por fuerza de voluntad. Es una obra profunda del Espíritu Santo en tu interior. Él usa Su Palabra como una espada (Hebreos 4:12), para separar la verdad de la mentira y darte una nueva forma de pensar desde el Reino de Dios. Ya no se trata solo de dejar de pensar mal, sino de permitir que la verdad de Cristo se forme en ti.

Esos patrones que hoy te limitan —como la inseguridad, la escasez, el temor o la condenación— no tienen la última palabra. Pueden haber sido edificados con ladrillos de dolor, pero serán derribados con la verdad de Dios. Porque lo que hoy gobierna tu mente, mañana dirigirá tus pasos. Tú no fuiste diseñado para caminar bajo mentiras, sino bajo la luz de la verdad que te hace libre.

> *«Porque las armas de nuestra milicia no son carnales, sino poderosas en Dios para la destrucción de fortalezas, derribando argumentos y toda altivez que se levanta contra el conocimiento de Dios, y llevando cautivo todo pensamiento a la obediencia a Cristo».*
>
> **2 Corintios 10:4-5**

¿Cómo se forman los patrones de pensamiento?

Antes de poder renovar los patrones de pensamiento, necesitamos entender cómo se originan. Los patrones mentales no surgen de un día para otro; son construcciones que se levantan con ladrillos invisibles a lo largo del tiempo. Aquí algunas de sus raíces más comunes:

1. **Experiencias pasadas**: rechazo, fracaso, abandono... crean pensamientos como: «Siempre seré así», «Nada bueno me pasa».
2. **Palabras recibidas**: comentarios hirientes o etiquetas que nos impusieron desde niños: «Nunca harás nada importante».
3. **Cultura y entorno**: estándares sociales que moldean cómo deberíamos vernos, sentirnos o vivir: «Las personas que vienen de ese lugar son así».
4. **Heridas espirituales**: imagen distorsionada de Dios basada en experiencias negativas.

Patrones erróneos comunes y su renovación

Los patrones de pensamiento no aparecen de la nada. Son caminos repetidos en tu mente que se fueron formando con el tiempo. Aquí entenderás cómo se construyen muchos de estos patrones que se repiten entre las personas, aunque los vivamos de forma distinta. A continuación, algunos de los más frecuentes y cómo podemos contrarrestarlos con la verdad bíblica:

PATRÓN DE PENSAMIENTO	VERDAD BÍBLICA	ACCIÓN PRÁCTICA
Mentalidad de víctima.	«En Cristo somos más que vencedores» (Romanos 8:37).	Identifica en qué áreas te has sentido víctima y declara la victoria de Dios.
Mentalidad de temor.	«Dios no nos ha dado espíritu de cobardía» (2 Timoteo 1:7).	Recita una promesa de Dios cada vez que el temor te ataque.
Mentalidad de escasez.	«Mi Dios suplirá todo lo que os falta» (Filipenses 4:19).	Agradece por lo que tienes en lugar de enfocarte en lo que falta.
Mentalidad de condenación.	«Ninguna condenación hay para los que están en Cristo» (Romanos 8:1).	Recuerda tu nueva identidad cada vez que sientas culpa.

Ejemplo bíblico: el ciclo mental de Elías bajo el enebro

La mente puede ser el terreno donde se gana una batalla o donde se cae después de una victoria. Incluso los más ungidos pueden enfrentarse a pensamientos que los desconectan de la verdad. Así le ocurrió a Elías, un profeta de fuego, un hombre que desafió reyes y falsos dioses, pero que después de su mayor triunfo, enfrentó su noche más oscura.

Tras enfrentarse a los profetas de Baal y ver descender fuego del cielo, Elías entra en una profunda crisis emocional y mental. Jezabel amenaza su vida y él, dominado por el temor, huye al desierto, se aísla y termina diciendo: «Basta ya, oh Jehová, quítame la vida» (1 Reyes 19:4).

¿Cómo puede un profeta que vio el poder de Dios caer del cielo llegar a pedir la muerte? Esto ocurre porque su mente entró en un patrón de pensamiento distorsionado. El temor nubló su fe, el agotamiento físico abrió la puerta a la desesperanza y la soledad alimentó pensamientos de derrota. No era solo una emoción pasajera, era una fortaleza mental que lo llevó a conclusiones falsas sobre sí mismo y sobre su futuro. Pensaba que estaba solo, que su vida no tenía sentido y que su propósito había terminado.

Pero Dios no lo dejó allí. En vez de reprenderlo, comienza a derribar esas fortalezas mentales con verdad, cuidado y una nueva perspectiva. Le da alimento, descanso, lo lleva a una cueva y allí le habla con una voz suave, no estruendosa, recordándole que no está solo y que aún tiene propósito. Dios le dice: «Oye, Elías, no estás solo... Yo he dejado siete mil que no han doblado rodilla ante Baal» (1 Reyes 19:18).

A veces, nuestros patrones de pensamiento no se ven como pecado, sino como agotamiento, aislamiento o desesperanza. Pero si no los reconocemos y los confrontamos, terminan levantando murallas internas que nos sacan del camino. Dios quiere decirte la verdad sobre esas mentiras que te gobiernan. Él quiere mostrarte que no estás solo, que no es el final y que tu llamado sigue vigente.

Verdades que transforman

- Los pensamientos repetidos se convierten en fortalezas, pero pueden derribarse.
- Dios no solo quiere sanarte, también quiere transformarte mentalmente.

- Puedo identificar, desafiar y reemplazar patrones erróneos con su verdad.
- Las armas de Dios son poderosas para mi renovación.
- No tengo que seguir pensando como siempre lo he hecho.

Preguntas para meditar

1. ¿Qué pensamientos se han vuelto automáticos en mi mente?
2. ¿Reconozco alguna fortaleza mental que limita mi fe?
3. ¿Qué verdad de Dios necesito declarar con más frecuencia?

Acción del día

Dibuja un mapa mental con tus principales pensamientos recurrentes. Identifica qué los detona y cuál ha sido su consecuencia. Luego, con otro color, escribe el nuevo patrón que deseas establecer.

Declaración de fe

«Hoy renuncio a las mentiras que gobernaban mi mente. Abrazo la verdad que me hace libre».

Oración del día

«Señor, reconozco que he permitido que fortalezas mentales gobiernen mi forma de pensar. Hoy decido identificar y derribar cada argumento que se opone a tu verdad. Te pido que me muestres lo que necesito renovar y que establezcas tu Palabra en mi mente. Declaro que soy libre en ti y que mi mente será una fortaleza de verdad, no de mentira. En el nombre de Jesús, amén».

Mañana daremos un paso más profundo: reconocer las mentiras que hemos aceptado como verdad y comenzar a romperlas.

Día 5

Rompiendo acuerdos con la mentira

Lo que toleras como verdad termina gobernando tu vida.

Muchos de los pensamientos que gobiernan nuestra mente no llegaron solos. Son el resultado de acuerdos que hicimos sin darnos cuenta: acuerdos con la mentira. A lo largo de nuestra vida hemos escuchado frases, vivido situaciones, experimentado heridas o repeticiones familiares que se instalaron como verdades internas.

Cuando aceptas una mentira como si fuera verdad, no solo la piensas, la colocas en el altar de tu mente y lo que esté sobre ese altar, empezará a gobernar tu vida. Pablo escribió: «Ni deis lugar al diablo» (Efesios 4:27). Cada acuerdo mental que no ha sido confrontado con la Palabra se convierte en una puerta espiritual que el enemigo usa para establecer fortalezas. Por eso, la Escritura no solo nos llama a resistir al diablo, sino a renovar la mente. El lugar donde decides qué voz honras se convierte en altar... y en trono. Jesús dijo: «Santifícalos en tu verdad; tu palabra es verdad» (Juan 17:17). Solo cuando colocas la verdad en ese altar, el Espíritu Santo puede obrar una transformación real. La mentira esclaviza, pero la verdad libera; la mentira contamina el diseño, pero la Palabra lo restaura. Cada vez que repites una mentira interna, adoras una imagen distorsionada de ti mismo. Pero cuando declaras la verdad de Dios, reconoces quién eres realmente en Cristo y ese es el punto de partida de toda sanidad interior. Por eso debemos hacer una pausa, mirar hacia dentro y preguntarnos: ¿qué mentiras he entronado sin darme cuenta?

Hacer un acuerdo con la mentira es darle autoridad sobre nuestra manera de vernos, actuar y vivir. Puede sonar fuerte, pero cada vez que creemos una mentira nos estamos alineando con el padre de mentira. Jesús dijo que «la verdad nos hace libres», lo que significa que la mentira nos mantiene esclavos. Si queremos vivir en victoria, debemos romper esos acuerdos. Identificar un acuerdo es como encontrar una raíz invisible que ha estado sosteniendo un patrón de pensamiento. Aquí te muestro cómo reconocerlo.

> *«De modo que si alguno está en Cristo, nueva criatura es; las cosas viejas pasaron; he aquí todas son hechas nuevas».*
>
> **2 Corintios 5:17**

¿Cómo identificar acuerdos con la mentira?

No siempre somos conscientes de los acuerdos que hemos hecho con la mentira. A menudo se esconden en frases automáticas, pensamientos arraigados o emociones persistentes. Pero para poder romperlos, primero debemos identificarlos con claridad. Un acuerdo con la mentira se manifiesta cuando:

- Hay frases que repites sin cuestionar: «Nunca podré», «Siempre me pasa lo mismo», «Yo no valgo».
- Te limitas sin intentarlo por una creencia arraigada.
- Aunque Dios dice una cosa tú sigues creyendo otra.

Muchos de estos acuerdos no son racionales, sino emocionales o espirituales. Por eso, para romperlos, no basta con ignorarlos: hay que confrontarlos con la verdad.

«Derribando argumentos y toda altivez que se levanta contra el conocimiento de Dios...».

2 Corintios 10:5

Frases que parecen inofensivas, pero son cadenas

La mentira nunca entra gritando; entra susurrando y toma fuerza cuando le das espacio. Desde el principio, Satanás no cambió su estrategia: sembró duda, distorsionó lo que Dios había dicho y esperó a que el ser humano hiciera el peor acuerdo posible; creer una mentira como si fuera verdad. Eso fue lo que ocurrió con Eva en el Edén. El problema no fue oír la voz equivocada, sino darle autoridad. Desde ese momento, el daño fue espiritual y mental. La verdad fue desplazada y la mentira tomó el control.

Jesús vino precisamente a revertir ese orden. No solo vino a perdonarnos, sino a enseñarnos a pensar diferente. Él es la Verdad encarnada, y su Palabra es el único filtro confiable para saber quién eres. Algunas mentiras se sienten verdaderas porque han estado demasiado tiempo allí, pero el tiempo no valida una mentira: solo la Palabra tiene autoridad para definir tu identidad. Pablo lo dijo con poder y claridad: «Ustedes no aprendieron a Cristo de esa manera... deshágganse del viejo hombre... y sean renovados en lo profundo de su mente» (Efesios 4:20–24). El evangelio no solo te cambia el futuro, cambia lo que crees hoy. No basta con dejar de repetir una mentira: necesitas reemplazarla con la verdad de Dios y afirmarla hasta que se vuelva parte de ti.

A veces no somos conscientes de que estamos atados porque las cadenas no hacen ruido cuando se disfrazan de frases cotidianas. Palabras que repetimos sin pensar, ideas que parecen parte de nuestra personalidad, pero que en realidad son mentiras que se han instalado y gobiernan nuestra forma de pensar, actuar y creer. Dios quiere que identifiques esas frases, no para avergonzarte, sino para mostrarte que no tienes que seguir cargándolas. Cada una de ellas puede ser reemplazada por una verdad que libera, una promesa que sana, una declaración que te recuerda quién eres en Cristo.

Aquí tienes algunas frases comunes —aparentemente inofensivas— que muchos repiten... pero que necesitan ser confrontadas con la verdad de Dios:

«Siempre fracaso». «En todas estas cosas somos más que vencedores por medio de Aquel que nos amó» (Romanos 8:37).

«No valgo lo suficiente». «Eres de gran estima ante mis ojos, digno de honra, y yo te amo» (Isaías 43:4).

«Dios no me escucha». «El Señor está atento al clamor de los justos» (Salmos 34:15).

«Estoy solo». «No te dejaré ni te desampararé» (Hebreos 13:5).

«Soy de malas». «El bien y la misericordia me seguirán todos los días de mi vida» (Salmos 23:6).

«Todo me sale mal». «Todo obra para bien de los que aman a Dios» (Romanos 8:28).

«Nunca voy a cambiar». «Si alguno está en Cristo, nueva criatura es; las cosas viejas pasaron» (2 Corintios 5:17).

«Dios ya se olvidó de mí». «Yo sé los planes que tengo para ti» (Jeremías 29:11).

«Soy el resultado de mis errores». «El que comenzó la buena obra en mí la perfeccionará» (Filipenses 1:6).

¿Cómo romper esos acuerdos?

Una vez que identificamos las mentiras que hemos creído y reconocemos cómo nos han limitado es momento de actuar. Romper acuerdos con la mentira no es solo una declaración simbólica, es un paso espiritual que implica decisión, autoridad y alineación con la verdad de Dios. Aquí te muestro cómo puedes comenzar ese proceso:

1. **Identifícalos**: escribe frases que te has repetido y que no reflejan lo que Dios dice de ti.
2. **Confróntalos**: busca en la Biblia lo que Dios dice al respecto.
3. **Renuncia en oración**: con tus palabras rompe ese acuerdo y declara la verdad.
4. **Declaralo constantemente**: la repetición de la verdad reemplaza el eco de la mentira.

Ejemplo bíblico: los espías y el acuerdo con la mentira

La mente no solo interpreta la realidad, también la distorsiona cuando no está alineada con Dios. En la Biblia, uno de los momentos más decisivos, donde la batalla se perdió en la mente, fue cuando Israel estuvo a punto de entrar a la tierra prometida. Lo que debió ser un paso de fe, terminó en un retroceso; no por la fuerza del enemigo, sino por el poder de un pensamiento equivocado.

Cuando Moisés envió a doce espías a explorar la tierra prometida, todos vieron lo mismo: un territorio fértil y abundante, tal como Dios lo había dicho. Pero diez de ellos regresaron con un reporte marcado por la mentira: «No podremos contra ellos... somos como langostas a sus ojos y también a los nuestros» (Números 13:33). Ese pensamiento no fue una simple percepción. Fue un acuerdo interno con la mentira del temor, la inferioridad y la derrota. Aunque Dios les había prometido esa tierra, eligieron creer en lo que veían, no en lo que Él había dicho. Esa mentira se convirtió en una fortaleza colectiva que contaminó a todo el pueblo y los hizo retroceder. Como resultado, una generación entera quedó fuera del propósito de Dios.

Solo dos hombres —Josué y Caleb— se mantuvieron alineados con la verdad de lo que Dios había dicho. Ellos dijeron: «Sí podemos, Dios está con nosotros». La diferencia no fue la fuerza física ni el optimismo. Fue una decisión espiritual: rechazar la mentira y aferrarse a la verdad de Dios, aun cuando todos pensaban lo contrario.

Esa historia nos confronta. ¿Qué informe estás creyendo sobre ti mismo? ¿El de la mentira que te dice «no puedes, no vales, no es posible»? ¿O el de la verdad que declara «Yo estoy contigo, esfuérzate y sé valiente»? Cada pensamiento es una semilla; cada acuerdo que haces con la mentira te roba una tierra prometida, pero cada vez que eliges creerle a Dios, das un paso hacia tu propósito.

Verdades que transforman

- Lo que pienso no siempre es verdad.
- La mentira es una prisión invisible; la verdad, una puerta abierta.
- He hecho acuerdos con la mentira, pero puedo romperlos en el nombre de Jesús.
- No soy lo que otros dijeron; soy lo que Dios ha dicho.
- La verdad de Dios tiene poder para cambiar mi historia.

Preguntas para meditar

1. ¿Qué frases me he dicho durante años que no provienen de Dios?
2. ¿Qué mentiras me han robado libertad, identidad o propósito?
3. ¿Estoy dispuesto a reemplazarlas con la verdad, aunque duela dejar atrás lo familiar?

Acción del día

Haz una oración escrita de renuncia. En un papel escribe: «Hoy rompo todo acuerdo con la mentira de que...», y completa la frase con lo que el Espíritu Santo te muestre. Luego escribe debajo una declaración de verdad basada en la Palabra de Dios. Léela en voz alta tres veces durante el día.

Declaración de fe

«Hoy rompo toda alianza con la mentira. Soy hijo de la verdad y camino en libertad».

Oración del día

«Señor, hoy te entrego toda mentira que me ha hecho vivir limitado. Renuncio a cada pensamiento que me ató al temor, la culpa o la inseguridad.

Declaro que tu verdad es la única voz que quiero seguir. Dame la valentía para romper acuerdos antiguos y abrazar tu verdad con convicción. Gracias por hacerme libre. En el nombre de Jesús, amén».

Mañana iremos más profundo: ¿cómo hablarle a nuestra mente desde la verdad que libera? Aprenderemos cómo sembrar la verdad en nuestra mente y comenzar a construir una nueva narrativa interior.

Día 6

Reemplazando la mentira con la verdad

Siembra verdad en tu mente y cosecharás libertad en tu vida.

Romper acuerdos con la mentira es el inicio de la libertad, pero la transformación sucede cuando reemplazamos esas mentiras con la verdad de Dios. No basta con vaciar la mente de pensamientos erróneos: debemos llenarla activamente con la Palabra que edifica, fortalece y renueva.

Jesús dijo que la verdad santifica. Es decir, nos aparta del engaño, nos purifica del error y nos alinea con la voluntad del Padre. Pensar como vencedores no es solo evitar lo negativo, es abrazar lo que Dios dice hasta que eso moldee nuestra identidad.

El salmista lo expresó con sabiduría: «¿Con qué limpiará el joven su camino? Con guardar tu palabra» (Salmo 119:9). La limpieza interior no ocurre solo al evitar lo malo, sino al abrazar activamente lo que es bueno. Muchos quieren cambiar su manera de pensar, pero sin sembrar la verdad que transforma y esa transformación no llega por negación, sino por sustitución: la mentira se arranca cuando siembras la verdad de Dios.

Cada versículo que memorizas, cada promesa que declaras, cada verdad que meditas, es como una semilla que purifica tu mente y alinea tu vida con el cielo. No puedes cosechar libertad si siembras olvido. No puedes vivir en victoria si tu mente sigue vacía de la Palabra que edifica y renueva.

«Santifícalos en tu verdad; tu Palabra es verdad».

Juan 17:17

Muchos viven en derrota no porque no crean en Dios, sino porque aún no creen lo que Dios ha dicho de ellos. Por eso, reemplazar la mentira con la verdad no es un acto simbólico, es un ejercicio espiritual de reposicionamiento interior. Sembrar verdad es un acto de constancia. Es elegir cada día lo que dejarás crecer en tu interior.

Jesús lo explicó con claridad: «La semilla es la palabra de Dios» (Lucas 8:11); y como toda semilla, necesita una tierra fértil, riego constante y tiempo. Sembrar verdad no es un acto emocional, es una práctica intencional. Muchos se frustran porque no ven resultados inmediatos, pero la mente es un campo profundo: lo que siembras hoy, dará fruto en su tiempo. Si cada día depositas una promesa, una verdad, una declaración basada en la Palabra, estarás edificando, con paciencia y fe, una nueva estructura de pensamiento. No subestimes el poder de una semilla sembrada con perseverancia. Transformar tu mente es un proceso diario, pero cada verdad sembrada hoy te acerca a vivir como el vencedor que ya eres en Cristo.

¿Cómo sembrar la verdad en la mente?

Así como una semilla necesita ser plantada con intención, la verdad también requiere una acción consciente. Aquí tienes cómo empezar. Sembrar la verdad en la mente es un acto intencional. No se trata solo de evitar pensamientos negativos, sino de llenar activamente el corazón con lo que Dios dice. Así como una tierra vacía no da fruto si no se le siembra nada, una mente sin verdad será vulnerable a cualquier mentira. Para sembrar la verdad en tu mente, ten en cuenta:

1. **Memoriza la Palabra**: no necesitas sabértela toda, pero empieza con versículos clave para tu proceso actual.
2. **Medita en ella**: repítela en voz baja, escríbela, llévala contigo durante el día.
3. **Declárala con fe**: la verdad dicha con convicción tiene poder para reprogramar tu forma de pensar.
4. **Ora con la Escritura**: convierte la Palabra en oración personal.
5. **Vívela con obediencia**: la verdad que se vive es la verdad que transforma. Solo cuando decides caminar en lo que Dios ha dicho, esa semilla da fruto en tu carácter y tus decisiones.

Reemplaza mentiras por verdades

Ahora que hemos visto cómo sembrar la verdad, es momento de practicarlo con ejemplos específicos. Esta tabla te ayudará a visualizar cómo una mentira puede ser reemplazada por una promesa eterna.

MENTIRA QUE CREÍA	VERDAD QUE DECLARO
«Dios se ha olvidado de mí».	«Aunque mi padre y mi madre me dejen, el Señor me recogerá» (Salmos 27:10).
«Siempre fracaso».	«Todo lo puedo en Cristo que me fortalece» (Filipenses 4:13).
«No soy digno del amor de Dios».	«Con amor eterno te he amado» (Jeremías 31:3).
«No tengo futuro».	«Yo sé los planes que tengo para ti» (Jeremías 29:11).

Ejemplo bíblico: Jesús en el desierto siembra la verdad para vencer la mentira

Antes de comenzar su ministerio público, Jesús enfrentó una de las batallas más intensas: la tentación en el desierto. No estaba rodeado de multitudes, no tenía testigos y estaba en su punto más vulnerable físicamente tras cuarenta días de ayuno. Sin embargo, fue en ese escenario donde demostró la fuerza de una mente llena de la Palabra. Su victoria allí fue silenciosa, pero determinante para todo lo que vendría después.

Cuando Jesús fue llevado por el Espíritu al desierto, no enfrentó al diablo con gritos, emociones o fuerza humana. Lo enfrentó con verdad sembrada. Cada tentación del enemigo fue respondida con un «Escrito está». Jesús no improvisó la Escritura en ese momento, porque la llevaba sembrada en su mente y corazón desde antes. No esperó al desierto para llenarse de Palabra; llegó al desierto lleno de ella.

El enemigo le ofreció soluciones rápidas, atajos emocionales, validación falsa, pero Jesús no respondió desde la necesidad, respondió desde la identidad revelada por el Padre y desde la Palabra sembrada en su interior. Esta es una gran enseñanza para nosotros, ya que si no sembramos verdad en tiempos de quietud, no tendremos con qué resistir en tiempos de prueba. Si no llenamos la mente de lo que Dios nos dice, cederemos a lo que el mundo, la carne o el enemigo insinúan.

Cada vez que Jesús dijo «Escrito está», estaba desarraigando una mentira y reafirmando una verdad. ¿Te das cuenta? No basta con «creer en Dios» de forma general, hay que tener su Palabra específica sembrada en el corazón. Esa es la espada que vence la tentación, que rompe acuerdos, que limpia el pensamiento y que establece un nuevo patrón mental.

Verdades que transforman

- La libertad se mantiene cuando siembro la verdad.
- Pensar diferente requiere alimentar la mente con la Palabra.
- Cada mentira que dejo ir debe ser reemplazada por una promesa eterna.
- La verdad no solo informa: transforma.
- Dios ya habló sobre mí: ahora me toca creerlo.

Preguntas para meditar

1. ¿Qué mentiras he creído durante mi vida?
2. ¿Qué verdades necesito declarar con más frecuencia?
3. ¿Estoy dispuesto a memorizar y confesar la Palabra hasta que me transforme?

Acción del día

Escribe en tarjetas pequeñas o notas del celular tres versículos que sean relevantes para tu proceso actual. Léelos en la mañana, al mediodía y antes de dormir durante cada día de esta semana.

Declaración de fe

«Hoy lleno mi mente de la verdad de Dios. Cada mentira que derribo da lugar a su luz».

Oración del día

«Señor, gracias porque tu Palabra es verdad. Hoy elijo sembrarla en mi mente y en mi corazón. Reemplazo toda mentira con tus promesas, y declaro que cada pensamiento se alinea con tu voluntad. Enséñame a pensar con verdad, vivir con fe y caminar en tu propósito. En el nombre de Jesús, amén».

Mañana aprenderás a transformar esa siembra en una nueva manera de hablarte a ti mismo: reescribiremos el diálogo interno.

Día 7

Renueva tu diálogo interno

Tu diálogo interior puede ser el eco de la derrota o la voz de tu libertad. Tú eliges.

Reescribir nuestro diálogo interno no es opcional, es esencial. Todos vivimos con una voz que nos habla constantemente. Esa voz puede animarnos o destruirnos, levantarnos o aplastarnos. Es como un narrador silencioso que interpreta lo que nos sucede y define, muchas veces sin filtros, cómo nos sentimos y cómo actuamos.

Lo más peligroso del diálogo interno es que se vuelve tan familiar que dejamos de cuestionarlo. Lo escuchamos como si fuera nuestra verdad, cuando en realidad muchas veces es solo una repetición de palabras que otros nos han dejado y que nos marcaron: etiquetas, juicios, comparaciones o miedos.

Muchos de nuestros pensamientos más frecuentes no son declaraciones conscientes, sino pequeños diálogos internos que repetimos a lo largo del día: «Esto me va a salir mal», «Otra vez lo hice mal», «Siempre estoy solo». Sin darnos cuenta, estas frases se convierten en afirmaciones internas que moldean la forma en que nos vemos, nos tratamos y enfrentamos la vida.

Lo que el corazón cree, la mente lo repite

Tus pensamientos internos no son neutros, estos revelan lo que gobierna tu corazón. Jesús dijo: «De la abundancia del corazón habla la boca» (Lucas 6:45). Y aunque solemos pensar en lo que decimos hacia afuera, esta verdad también aplica a cómo nos hablamos por dentro.

Si en tu corazón hay culpa, te dirás: «No soy suficiente». Si hay temor, pensarás: «Va a salir mal». Pero si hay verdad, tu mente empezará a declarar: «Soy amado, escogido, perdonado».

Por eso, no basta con corregir palabras, hay que sanar creencias. Cuando el corazón se llena de la Palabra, el diálogo interno deja de ser una voz que aplasta y se convierte en una voz que levanta.

Dios nos invita a renovar ese diálogo interior, no con frases vacías de motivación, sino con palabras que provienen de su verdad. Cuando nuestros pensamientos diarios se alinean con la Palabra nuestro interior se fortalece, nuestra fe se activa y nuestra mente encuentra paz.

> *«No os acordéis de las cosas pasadas, ni traigáis a memoria las cosas antiguas. He aquí que yo hago cosa nueva; pronto saldrá a luz; ¿no la conoceréis?...».*
>
> **Isaías 43:18-19**

Jesús venció hablando la verdad, no razonando en silencio.

En el desierto, cuando fue tentado, Jesús no debatió mentalmente. Respondió con autoridad: «Escrito está...» (Mateo 4:4). Con eso nos enseñó a no quedarnos callados ante la mentira, ya que la libertad no viene por pensar diferente, sino por declarar la verdad con fe.

Cada vez que repites una promesa de Dios, entrenas tu mente, afirmas tu identidad y resistes al enemigo. No es emocionalismo; es batalla espiritual, una renovación desde adentro. Y ahí está el poder de este día: Dios quiere enseñarte a hablarte como Él te habla. Porque no hay libertad exterior si no existe un nuevo lenguaje interior.

Ejemplo bíblico: el hijo pródigo y el diálogo que lo llevó de regreso

Entre las parábolas más conmovedoras de Jesús está la historia del hijo pródigo, un retrato de ruptura, pérdida y restauración. Este joven no solo se alejó físicamente del padre, sino también mental y emocionalmente.

Jesús contó en esta historia que un joven tomó una decisión impulsiva, desperdició su herencia y terminó alimentando cerdos, solo y humillado (Lucas 15:11–32). Pero todo cambió cuando comenzó a hablarse a sí mismo: «Entonces, volviendo en sí, dijo: "¿Cuántos jornaleros en casa de mi padre tienen abundancia de pan, y yo aquí perezco de hambre? Me levantaré e iré a mi padre...» (Lucas 15:17–18).

Esa conversación interna fue el punto de quiebre. No había nadie predicándole, ni un ángel hablándole. Fue su diálogo interior —inspirado por la memoria del amor del Padre— lo que lo impulsó a regresar y aunque no había cambiado su ropa, su entorno o su situación, sí cambió su manera de hablarse. Y eso transformó su destino.

Aquí hay una verdad espiritual profunda: cuando tu voz interior se alinea con la misericordia del Padre, comienzas a regresar al propósito que dejaste atrás. El hijo pródigo aún se sentía indigno, pero su diálogo se convirtió en acción y cuando regresó, no encontró rechazo, sino restauración.

Hoy, muchos no avanzan porque su diálogo interno aún dice: «No merezco regresar», «Ya fallé demasiado», «Nadie me quiere de vuelta». Pero el Padre sigue esperando y tu regreso comienza con lo que te dices en silencio.

¿Cómo identificar un diálogo interno negativo?

Antes de transformar lo que nos decimos, necesitamos aprender a reconocerlo. Muchas veces estas frases no son escandalosas ni evidentes, pero tienen el poder de erosionar poco a poco nuestra confianza, nuestra identidad y nuestra fe. Este diálogo interno negativo puede instalarse como un eco sutil que moldea decisiones y emociones sin que lo notemos.

Escucha lo que te dices en los momentos de silencio. Tu voz interior no es neutral: o te levanta o te hunde. Identificarla es el primer paso para redirigirla. A menudo se expresa en tono de queja, culpa, comparación o autosabotaje. Puedes identificarlo cuando:

- Lo repites sin pensarlo conscientemente.
- Te desanima, paraliza o te llena de temor.
- Contradice lo que Dios dice de ti en su Palabra.

Cómo transformar ese diálogo en verdad

Una vez que identificas esas frases que te roban fuerza, claridad o esperanza, es momento de reemplazarlas con la verdad. Pero no se trata de usar frases positivas al azar, esto es una reconstrucción espiritual. Un ejercicio de renovación que toca lo más profundo de tu identidad. Aquí te comparto cómo empezar:

Escúchate con intención: no ignores lo que te estás diciendo. Ponle atención como quien escucha un susurro que ha marcado su vida por años.

Ponlo a prueba con la Palabra: no todo pensamiento que suena verdadero lo es. Pregúntate: ¿esto lo diría Dios de mí?

Responde con fe: no te quedes callado; la fe responde. Declara la verdad, aunque al principio no lo sientas. Solo cree.

Repite con convicción: la repetición no es religiosidad cuando nace de una convicción. Cada vez que afirmas lo que Dios dice, estás reprogramando tu interior.

«Examina mis pensamientos y guía mi camino».

Salmos 139:23–24

Este proceso no se trata solo de corregir ideas; se trata de sanar la voz con la que te hablas cada día. Porque tu alma no necesita solo aprender, necesita escuchar la verdad, hasta que empiece a creerla.

Verdades que transforman

- Lo que me digo constantemente moldea mi identidad.
- Puedo elegir pensamientos que me alineen con la verdad.
- El Espíritu Santo me guía a renovar incluso mis palabras internas.
- Dios no solo escucha mi voz externa, también mi voz interior.
- Hablarme como Dios lo haría cambia mi estado mental.

Preguntas para meditar

1. ¿Qué frases me repito constantemente que no provienen de Dios?
2. ¿Cómo cambiaría mi día si mi diálogo interno fuera guiado por la Palabra?
3. ¿Estoy dispuesto a hablarme con la verdad y la gracia con que Dios me habla?

Acción del día

Escribe tres frases que sueles repetirte y que te desaniman. Luego, escribe una nueva frase basada en la Palabra para reemplazar cada una. Llévalas contigo y repítelas con fe.

Declaración de fe

«Hoy elijo hablar vida sobre mí. Mi diálogo interno será un eco de la voz de Dios».

Oración del día

«Señor, gracias porque me enseñas a renovar incluso mis pensamientos más íntimos. Hoy te entrego mi diálogo interno para que esté lleno de gracia, verdad y propósito. Enséñame a hablarme como tú me hablarías: con firmeza, amor y esperanza. Que mis pensamientos sean agradables a ti. En el nombre de Jesús, amén».

Ahora que sabes cómo hablarte con verdad, es momento de descubrir de dónde vienen realmente esos pensamientos... y tomar control.

Día 8

Discierne el origen de tus pensamientos

Todo pensamiento tiene una raíz.

Si no la identificas, crecerá sin control. Empecemos por aclarar algo: no todo lo que piensas proviene de ti. Algunos pensamientos son sembrados por tu entorno; otros, por experiencias pasadas, y otros, por influencias espirituales. Por eso es esencial desarrollar discernimiento: aprender a identificar de dónde vienen los pensamientos que entran en tu mente.

El enemigo sabe que si logra sembrar una idea equivocada podrá influenciar tu comportamiento sin necesidad de oprimirte visiblemente. Pero Dios, que es luz, también habla a tu mente. Él susurra convicciones, promesas y dirección. Discernir entre ambas voces es importante para caminar en libertad y verdad.

«Porque los pensamientos del corazón del hombre son malos desde su juventud...».

Génesis 8:21

Este versículo, pronunciado por Dios mismo después del diluvio, revela una verdad crucial: no todos nuestros pensamientos brotan de un lugar sano o confiable. Aun siendo hijos de Dios, arrastramos huellas del pasado, heridas no sanadas, influencias culturales o pensamientos aprendidos que pueden distorsionar nuestra forma de pensar. Por eso, discernir no es desconfiar de todo, sino permitir que el Espíritu nos enseñe a distinguir entre lo que proviene de la carne, del alma herida o del sistema del mundo, y lo que nace de la nueva mente que tenemos en Cristo. No se trata de vivir con sospecha, sino con sabiduría espiritual. El discernimiento separa «lo que parece sabio» de lo que está alineado con el corazón de Dios.

«Porque la Palabra de Dios es viva y eficaz, y más cortante que toda espada de dos filos; y penetra hasta partir el alma y el espíritu, las coyunturas y los tuétanos, y discierne los pensamientos y las intenciones del corazón».

Hebreos 4:12

Discernir el origen de tus pensamientos no es paranoia espiritual, es sabiduría bíblica. A medida que tu mente se renueva también debes aprender a filtrar lo que piensas, a identificar qué voz estás escuchando y qué intención hay detrás de cada idea que habita en tu interior. Esto te permite mantener tu mente en guardia y alineada con el Espíritu.

«Porque Dios no es Dios de confusión, sino de paz...».

1 Corintios 14:33

Aquí hay una clave poderosa para filtrar lo que pensamos, porque el origen de una idea muchas veces se reconoce por el fruto que produce. Si un pensamiento te inquieta, te enreda, te llena de culpa o desesperanza, no viene del Espíritu de Dios. Aunque a veces corrige, Dios siempre habla con claridad y redención. Él no manipula; guía. No condena; transforma. El enemigo, en cambio, se disfraza de lógica o verdad, pero deja un eco de caos, presión o confusión. Por eso, no solo discernimos por el contenido de un pensamiento, sino también por la atmósfera espiritual que deja en el alma. Cuando un pensamiento es de Dios, aunque confronte, te llena de paz, dirección y esperanza.

¿Cómo reconocer el origen de un pensamiento?

No todo pensamiento que parece bueno proviene de Dios. A veces una mentira se disfraza de lógica o experiencia. Por eso es vital aprender a discernir su origen. A lo largo del día surgen pensamientos que parecen inofensivos, pero no todos tienen el mismo origen ni la misma intención. Algunos buscan edificarte, otros desanimarte; algunos nacen del Espíritu, otros de tus emociones o heridas. Reconocer de dónde proviene cada pensamiento es un acto de sabiduría que te permite alinearte con la verdad y rechazar el engaño.

El discernimiento no es solo una defensa, también es una herramienta que protege tu fe y alinea tu mente con el cielo. No estás llamado a vivir con sospecha, sino con claridad. Con la ayuda del Espíritu, puedes aprender a distinguir lo que edifica de lo que confunde; lo que viene de Dios de lo que viene del alma o del enemigo.

Antes de aceptar cualquier pensamiento como verdad, haz una pausa y pregúntate:

1. ¿Este pensamiento está alineado con la Palabra de Dios?
2. ¿Produce paz, esperanza, corrección... o temor, culpa y condenación?

3. ¿Me acerca a Dios o me aleja de Él?
4. ¿Fortalece mi identidad en Cristo o me hace dudar de quién soy?

«...todo pensamiento lo llevamos cautivo a la obediencia a Cristo».

2 Corintios 10:5

Identifica la fuente

Hay cuatro fuentes principales desde donde emergen nuestros pensamientos. Discernir quién los originó es clave para saber si deben quedarse o salir. Una vez que hayas aprendido a filtrar lo que piensas, es importante que examines ejemplos concretos. Este ejercicio te ayudará a reconocer con mayor claridad si los pensamientos que has estado albergando vienen del enemigo, de ti mismo o del Espíritu Santo. El discernimiento se cultiva con la práctica, y esta tabla es un buen punto de partida para afinar tu oído interior:

PENSAMIENTO	POSIBLE ORIGEN	DISCERNIMIENTO BÍBLICO
«Eres un fracaso».	Engaño del enemigo.	«En Cristo somos más que vencedores» (Romanos 8:37).
«Dios te ha dejado solo».	Emoción filtrada por el temor.	«No te dejaré ni te desampararé» (Hebreos 13:5).

«No puedes cambiar».	Condición aprendida o trauma.	«El que comenzó la buena obra en ti la perfeccionará» (Filipenses 1:6).
«Puedes confiar, yo estoy contigo».	Voz del Espíritu Santo.	«Yo estoy con vosotros todos los días» (Mateo 28:20).

Cada vez que la culpa ocupa espacio en tu mente te roba la energía para avanzar en tu propósito. No naciste para vivir encadenado al pasado, sino para caminar en la libertad que Cristo ya compró para ti. Hoy es el día para soltar el peso que nunca debiste cargar y dar tus primeros pasos en una nueva historia.

Ejemplo bíblico: Pedro y el pensamiento que no venía de Dios

Uno de los momentos más impactantes del Nuevo Testamento ocurre cuando Jesús revela a sus discípulos que pronto sufrirá, será rechazado y crucificado. Entonces Pedro, con buena intención humana, pero sin discernimiento espiritual, lo toma aparte y le dice: «¡Señor, eso no te puede pasar!». La respuesta de Jesús fue firme y sorprendente: «¡Apártate de mí, Satanás! Me eres tropiezo, porque no pones la mira en las cosas de Dios, sino en las de los hombres» (Mateo 16:23).

Jesús no le estaba hablando a Pedro como enemigo, sino a la fuente del pensamiento que Pedro había expresado. Un pensamiento que, aunque parecía protector y bienintencionado, no venía de Dios. Este episodio nos revela algo profundo: no todos los pensamientos que parecen sensatos o emocionales son espirituales. Algunos nacen del alma; otros, del enemigo. Y si no son filtrados con discernimiento, pueden oponerse al propósito de Dios.

¿Cuántas veces has creído que algo es correcto, pero no lo es? ¿Cuántas veces has sido movido por temor o compasión mal enfocada y has terminado fuera del plan de Dios? Lo que Pedro dijo parecía cuidado pero iba en contra del sacrificio redentor. Así actúan los pensamientos del enemigo: se disfrazan de lógica, de prudencia, de «sentido común», pero su raíz es la confusión, la preservación propia y el miedo.

Jesús nos muestra el camino: discernir, confrontar y alinear todo pensamiento con el propósito de Dios aunque venga de alguien cercano, aunque parezca inocente, aunque sea un impulso emocional. Si no lo haces, lo que parece una voz amiga puede convertirse en un tropiezo espiritual.

Verdades que transforman

- No todo pensamiento es verdad solo por aparecer en mi mente.
- Dios me ha dado el discernimiento para filtrar lo que pienso.
- El Espíritu Santo me guía a reconocer lo que viene de Él.
- Puedo rechazar lo que viene del enemigo y abrazar lo que viene de Dios.
- Discernir los pensamientos es una forma de proteger mi alma.

Preguntas para meditar

1. ¿Qué pensamientos he aceptado como verdad sin filtrarlos a la luz de la Palabra?
2. ¿Qué mentiras recientes han intentado alejarme de lo que Dios dice de mí?

3. ¿Estoy decidido hoy a confrontar cada pensamiento con la verdad eterna de Dios?

Acción del día

Durante el día, cada vez que notes un pensamiento recurrente, anótalo. Al final del día, identifica su origen (Dios, tú mismo, el enemigo) y reemplaza cualquier pensamiento falso con una verdad bíblica.

Declaración de fe

«Hoy desarrollo discernimiento espiritual. No todo pensamiento viene de Dios y hoy elijo filtrar cada uno».

Oración del día

«Espíritu Santo, ayúdame a discernir lo que pienso. Quiero caminar con una mente clara, alineada con tu voz. Rechazo todo pensamiento que proviene del enemigo y abrazo lo que tú me revelas. Guía mi mente hacia la verdad. En el nombre de Jesús, amén».

Mañana descubriremos cómo soltar las cargas que intentan retenerte, y caminarás más liviano hacia tu verdadera identidad.

Día 9

La mente es un campo de batalla

Toda batalla espiritual empieza con un pensamiento.

La mente es el campo donde se definen las victorias invisibles. Tal vez lo hayas sentido: un día despiertas con ánimo, esperanza y fe, y al siguiente estás luchando con pensamientos de duda, culpa o ansiedad. Esto no es casualidad. Es porque tu mente es un campo de batalla. Allí se libra cada día una lucha invisible, pero real, entre la verdad y la mentira, entre la fe y el miedo, entre la identidad en Cristo y las voces que quieren desfigurarte.

Esta batalla no se libra con fuerza humana, sino con armas espirituales. Pablo nos recuerda que las fortalezas mentales —aquellas ideas persistentes que nos controlan— deben ser derribadas con el poder de Dios, no con buenas intenciones ni con discursos de autoayuda. Se requiere discernimiento, determinación y dependencia total del Espíritu Santo.

«Y las ovejas le siguen, porque conocen su voz».

Juan 10:4

«Sobre toda cosa guardada, guarda tu corazón, porque de él mana la vida».

Proverbios 4:23

En la mentalidad hebrea, el corazón no solo representa las emociones, sino también los pensamientos y la voluntad. Por eso, este llamado a guardar el corazón es una invitación a proteger activamente tu mente. No se trata de un acto pasivo, sino de una vigilancia espiritual constante. Lo que permites que se siembre en tu mente hoy, influirá en tu fe, tus decisiones y tu destino. El enemigo lo sabe y por eso ataca primero tu pensamiento. Pero Dios te llama a ser un guardián espiritual, a filtrar lo que piensas y sembrar su verdad. Porque los frutos de tu vida comienzan en los pensamientos que decides abrazar.

No eres culpable por tener la batalla. Pero sí eres responsable de decidir con qué armas vas a enfrentarla.

¿Qué tipo de batalla estás librando hoy?

La batalla en la mente se manifiesta de muchas formas. Algunas son abiertas y evidentes: pensamientos constantes de temor, inseguridad o desesperanza. Otras son más sutiles: una voz que cuestiona tu valor, una duda que persiste, una culpa que se instala en lo profundo. Tal vez estás librando una batalla contra el perfeccionismo, el desánimo, el rechazo o la autocrítica silenciosa.

Sea cual sea la forma, reconocerla con sinceridad es el primer paso hacia la libertad. Nombrar el pensamiento que te está afectando es exponerlo a la luz de Dios y comenzar a debilitar su poder sobre ti.

Armas espirituales para la batalla mental

Dios no solo nos dice que hay una batalla, sino que también nos da las armas para vencerla. Estas armas no son carnales ni humanas, son espirituales y tienen poder real para romper cadenas mentales. Aquí algunas de las más importantes:

1. **La Palabra de Dios**: es tu espada, tu verdad frente a la mentira. Memorizarla, declararla y meditarla fortalece tu mente y te recuerda quién eres.
2. **La oración constante**: es tu canal directo con Dios. Te conecta con su voluntad, te enfoca y te da paz en medio del combate.
3. **La alabanza**: cambia la atmósfera interior. Cuando adoras, el enemigo pierde terreno. La alabanza exalta a Dios por encima del problema.
4. **La autoridad en Cristo**: no peleas desde el miedo, sino desde la posición de victoria. En Cristo tienes poder para resistir todo pensamiento que se levanta contra su verdad.

Estas armas no funcionan si se dejan guardadas. Deben usarse con fe y decisión cada día, en cada pensamiento, en cada lucha interna. Cuando las activas, tu mente empieza a transformarse desde lo más profundo.

«No os conforméis a este siglo, sino transformaos por medio de la renovación de vuestro entendimiento...».

Romanos 12:2

Este versículo no solo habla de cambio, habla de una resistencia espiritual. Pablo nos está advirtiendo: «el mundo siempre intentará moldear tu forma de pensar, pero tú no fuiste llamado a amoldarte, sino a renovar tu mente con la verdad de Dios». Eso implica romper con patrones, cuestionar pensamientos establecidos y permitir que la Palabra te dé una nueva forma de ver, sentir y decidir. La transformación no empieza cuando cambian las circunstancias, sino cuando decides pensar diferente, conforme a Cristo. Cuando permites que la Palabra te forme desde adentro, empiezas a vivir desde la verdad y no desde la presión del entorno y ahí es donde se activa la verdadera victoria.

La insignificancia es una mentira que pretende apagar el diseño glorioso que Dios depositó en ti. No fuiste creado para vivir a la sombra del temor del pasado ni de las voces que intentan definirte fuera de Cristo. Fuiste formado para reflejar la grandeza del Dios que te llamó, no para conformarte a un molde que este mundo impone. Hoy es el día para levantar tu mirada, renovar tu pensamiento y empezar a verte como Él te ve: lleno de propósito, lleno de valor y con la mente de un verdadero vencedor.

Ejemplo bíblico: la batalla mental de David antes de enfrentar a Goliat

Antes de que David venciera a Goliat en el campo de batalla, primero tuvo que vencer pensamientos en su mente. El gigante no fue su primer enemigo, lo fueron las voces que intentaron detenerlo:

La voz de su hermano Eliab lo acusó: «¿Con quién has dejado aquellas pocas ovejas...? Yo conozco tu soberbia» (1 Samuel 17:28).

La voz del rey Saúl lo menospreció: «No podrás ir... porque tú eres muchacho» (1 Samuel 17:33).

La voz del enemigo mismo lo desafió con desprecio.

Tres voces, tres ataques mentales: acusación, menosprecio y burla. Pero David tenía una voz más fuerte, la de la convicción que Dios había sembrado en él. No dejó que esas palabras se convirtieran en fortalezas. Recordó sus victorias pasadas y respondió con firmeza: «Dios me libró del león y del oso» y proclamó con fe: «Jehová... te entregará hoy en mi mano» (1 Samuel 17:37-46).

David no venció a Goliat solo con una piedra, sino con una mente fortalecida por la verdad. Había entrenado su pensamiento en lo secreto del campo y lo alimentó con fe, no con temor. La batalla fue primero interna y luego visible. Como David, tú también puedes derribar gigantes cuando decides no aceptar las mentiras que quieren frenar tu destino.

Verdades que transforman

- Mi mente no es un lugar pasivo, es terreno de batalla espiritual.
- No estoy solo, Dios me equipa con armas poderosas.
- Las fortalezas mentales pueden ser derribadas.
- Pensar como vencedor es aprender a pelear con fe, no con temor.
- En Cristo, ya tengo la victoria: ahora debo sostenerla.

Preguntas para meditar

1. ¿Qué pensamientos han intentado dominar mi mente y debilitar mi fe últimamente?
2. ¿He estado luchando con mis fuerzas humanas o empuñando las armas espirituales que Dios me ha dado?

3. ¿Qué verdades de la Palabra debo usar hoy como espada para vencer esta batalla?

Acción del día

Haz una oración escrita como si fuera una declaración de guerra espiritual. Usa versículos clave y comienza con: «Hoy me levanto con las armas que Dios me ha dado».

Declaración de fe

«Hoy peleo la batalla de la mente armado con la verdad. En Cristo soy más que vencedor».

Oración del día

«Señor, gracias porque no me has dejado indefenso. Tú me has dado armas poderosas para vencer en mi mente. Hoy decido usar la verdad de tu Palabra, la oración y la alabanza. Fortaléceme en esta batalla y ayúdame a vivir como vencedor. En el nombre de Jesús, amén».

Ahora que reconoces la dimensión espiritual de esta batalla, prepárate para fortalecer tu fe y debilitar el temor que quiere gobernarte. Porque el temor se alimenta en silencio... pero mañana aprenderás cómo exponerlo a la luz. El valor que llevas dentro será revelado. Prepárate para verlo desde los ojos de Dios.

Día 10

¿Qué tipo de pensamientos dominan tu mente?

Cada pensamiento que permites es como un invitado; decide bien a quién dejas entrar.

Todos los días miles de pensamientos cruzan nuestra mente. Algunos pasan rápidamente, pero otros se quedan. Se instalan, echan raíces y comienzan a dirigir nuestras emociones, decisiones y actitudes. Esos pensamientos que se quedan, que dominan nuestra mente, son los que terminan moldeando nuestra vida.

La pregunta entonces no es si piensas o no, sino: ¿qué tipo de pensamientos ocupan el centro de tu mente? ¿Son pensamientos que te acercan a Dios o te alejan? ¿Pensamientos de fe o de temor? ¿De gratitud o de queja? ¿De identidad o de confusión?

«Él respondió y dijo: Escrito está: No solo de pan vivirá el hombre, sino de toda palabra que sale de la boca de Dios».

Mateo 4:4

Lo que tú permites pensar en silencio termina hablando fuerte en tu forma de vivir.

«Así como el hombre piensa en su corazón, tal es él».

Proverbios 23:7

Este versículo revela que no vives según lo que deseas, sino según lo que piensas constantemente. Tus pensamientos tienen dirección espiritual; no son neutrales. Pueden edificar tu fe o sabotear tu destino. No puedes vivir en victoria mientras tu mente permanece en derrota. No puedes caminar en libertad si tus pensamientos siguen atados al temor o la culpa. Lo que habita en tu interior, tarde o temprano, se manifiesta en tu forma de ver, hablar y decidir. Por eso, muchos no están atrapados en sus circunstancias sino en pensamientos que aceptaron como verdad. Si quieres ver transformación real, empieza por revisar quién ocupa el trono de tu mente.

Dios nos llama a poner nuestra mente en lo eterno. No se trata de ignorar la realidad, sino de verla desde otra perspectiva: la perspectiva del cielo. Cuando los pensamientos que ocupan tu mente están alineados con la verdad de Dios, tu vida empieza a reflejar paz, claridad, gozo y propósito.

¿Qué pensamientos ocupan el trono?

Todo pensamiento que domina tu mente terminará tomando decisiones por ti. Lo que piensas con frecuencia se convierte en tu lente para interpretar la vida. Si dejas que la preocupación ocupe el trono, vivirás en ansiedad. Si dejas que la culpa lo ocupe, vivirás en condenación. Pero si Cristo gobierna tu mente experimentarás paz, dirección y libertad.

Por eso es tan importante examinar qué tipo de pensamientos tienen más espacio en tu interior. ¿Qué gobierna tus horas silenciosas, tus noches de insomnio, tus momentos de soledad?

Preocupaciones, comparaciones, temor, ambición, ansiedad... ¿o la verdad, la gratitud, la esperanza y la presencia de Dios?

> *«Poned la mira en las cosas de arriba...».*
>
> **Colosenses 3:2**

> *«Y la paz de Dios... guardará vuestros corazones y vuestros pensamientos en Cristo Jesús».*
>
> **Filipenses 4:7**

Esta no es solo una promesa de consuelo, es una estrategia de protección. La palabra «guardará» en el griego original, se refiere a una fuerza de vigilancia militar, como un ejército apostado alrededor de una ciudad. Así actúa la paz de Dios: como una muralla viva que protege tu mente cuando decides rendir tus pensamientos a Cristo. No se trata de pensar en Dios solo de vez en cuando, sino de permitir que su presencia sea el filtro diario de lo que aceptas o rechazas. Donde Cristo gobierna la mente, su paz expulsa el ruido, la confusión y el temor. La paz no es la ausencia de problemas, es la presencia de Dios reinando en lo más profundo de ti.

¿Cómo cederle el lugar a Dios en tu mente?

Cuando reconoces qué pensamientos están ocupando el trono de tu mente, el siguiente paso es tomar acción, desalojar los que no pertenecen y darle lugar a Dios. Esto no sucede automáticamente, sino a través de decisiones conscientes, repetidas cada día. Aquí te comparto algunos pasos prácticos:

1. **Haz un inventario mental**: reconoce los pensamientos que más se repiten en tu día.
2. **Restaura el enfoque**: decide enfocar tu mente en las cosas de arriba.
3. **Llena tu interior de verdad**: medita en lo que Dios ha dicho y hazlo el centro de tu atención.
4. **Desaloja lo que roba paz**: cada pensamiento que no edifica debe salir.

La comparación desgasta tu identidad y desvía tu propósito. No tienes que ser como nadie más para ser valioso, ya fuiste formado de manera única para un llamado único. Hoy es el día para soltar toda medida humana y abrazar la medida eterna que Dios estableció sobre tu vida.

Ejemplo bíblico

Uno de los ejemplos más impactantes sobre cómo los pensamientos pueden dominar la vida de una persona es el del rey Saúl. Al inicio de su reinado, Saúl parecía humilde, incluso inseguro, pero con el tiempo, permitió que pensamientos de celos, comparación e inseguridad ocuparan el centro de su mente. Cuando escuchó los cánticos que exaltaban a David —«Saúl mató a sus miles, pero David a sus diez miles» (1 Samuel 18:7)— no filtró ese pensamiento con la verdad de Dios, sino que lo dejó crecer. Ese pensamiento se convirtió en sospecha, la sospecha en celos, los celos en odio y el odio lo llevó a destruirse a sí mismo.

Saúl nunca volvió a tener paz interior. Aunque seguía siendo rey externamente, en su interior ya no gobernaba su vida: la comparación lo había destronado por dentro. Nunca volvió a escuchar la voz de Dios como antes. Todo porque no cuidó lo que permitía permanecer en su mente. Esta historia nos recuerda que un pensamiento no tratado puede cambiar tu destino. Lo que toleras como «solo una idea» puede crecer y apartarte de la voluntad de Dios si no lo confrontas con la verdad. Por eso, cada pensamiento que dejas quedarse debe pasar por el filtro de la Palabra: ¿Esto me acerca a Cristo o me aleja de Él? ¿Gobierna Dios mi mente... o mis pensamientos gobiernan mi alma?

Verdades que transforman

- Lo que domina mi mente moldea mi vida.
- Dios me invita a poner mi enfoque en lo eterno.
- No tengo que aceptar todo pensamiento como verdad.
- Puedo elegir qué pensamientos alimentar y cuáles desechar.
- Cuando Dios gobierna mi mente todo comienza a alinearse.

Preguntas para meditar

1. ¿Qué pensamientos han estado ocupando espacio en mi mente esta semana y hacia dónde me han llevado?
2. ¿He dado a Dios el primer lugar en mis pensamientos o he dejado que otras voces dirijan mi enfoque?
3. ¿Qué decisión concreta puedo tomar hoy para alinear mi mente con la verdad de su Palabra?

Acción del día

Escribe una oración con tus propias palabras reemplazando tu temor más frecuente con una promesa bíblica. Léela cada mañana como recordatorio de que decides alimentar tu fe.

Declaración de fe

«Hoy elijo pensamientos de fe, esperanza y vida. Mi mente es territorio conquistado por Cristo».

Oración del día

«Señor, hoy reconozco que muchos pensamientos han gobernado mi mente sin tu permiso. Pensamientos que me roban la paz, la fe y la claridad. Hoy los someto a tu verdad y decido pensar como tú piensas. Señor, gobierna mi mente, enfoca mi atención y transforma mi interior. En el nombre de Jesús, amén».

Mañana profundizaremos en cómo reconocer y cortar las raíces de pensamientos negativos que intentan sabotear tu avance. Prepárate para equipar tu mente con verdad.

Día 11

Capturando pensamientos negativos y reemplazándolos con la verdad

La mente no borra lo que callas: lo convierte en argumento... a menos que lo confrontes con la verdad de Dios.

A veces no entendemos por qué nos sentimos paralizados, inseguros o desanimados. Pero si miramos con atención descubrimos que en el fondo hay un pensamiento que lo activó todo. La mente humana es un lugar sagrado y a la vez vulnerable. Es allí donde el enemigo intenta sembrar dudas, temores o ideas distorsionadas para robar nuestra paz y desenfocarnos de Dios.

Imagina que tu mente es un campo de batalla. Cada día, sin darte cuenta, pensamientos negativos intentan infiltrarse como soldados enemigos. Algunos llegan en forma de dudas: «No soy lo suficientemente bueno». Otros vienen disfrazados de miedo: «¿Y si todo sale mal?». Algunos incluso traen culpa: «Dios nunca podrá usarme después de lo que hice».

Estos pensamientos no son inofensivos; son semillas que, si se dejan crecer, pueden convertirse en fortalezas mentales que distorsionan la verdad de Dios. Desde el principio, el enemigo ha usado pensamientos disfrazados de verdad para desconectar al ser humano del propósito de Dios. Así lo hizo en el Edén, cuando sembró duda en la mente de Eva con una simple pregunta: «¿Conque Dios os ha dicho...?» (Génesis 3:1). No necesitó tocar su cuerpo ni atacar sus emociones directamente; le bastó con introducir una idea distorsionada para debilitar su fe y alterar su decisión. Esa misma estrategia sigue activa hoy. Por eso 2 Corintios 10:5 nos exhorta a derribar argumentos y «llevar cautivo todo pensamiento a la obediencia a Cristo». Esto no es un acto mental superficial, sino una batalla espiritual por la verdad. Cada pensamiento no confrontado puede convertirse en un argumento que se opone al conocimiento de Dios. Pero cada pensamiento redimido por la Palabra se transforma en un instrumento de libertad; aquí es donde entra en juego una de las armas más poderosas que tenemos como creyentes: capturar los pensamientos negativos y reemplazarlos con la verdad de Dios.

> *«Derribando argumentos y toda altivez que se levanta contra el conocimiento de Dios, y llevando cautivo todo pensamiento a la obediencia a Cristo».*
>
> **2 Corintios 10:5**

La Escritura nos enseña que no estamos llamados a aceptar cada pensamiento que llega a nuestra mente. Dios nos ha dado la autoridad para evaluar, confrontar y rechazar aquellos pensamientos que no se alinean con su verdad.

La mente: un filtro que determina nuestra realidad

La calidad de nuestra vida está determinada por la calidad de nuestros pensamientos. Si llenamos nuestra mente con mentiras, viviremos engañados, pero si la llenamos con la verdad, viviremos en libertad.

Cada vez que un pensamiento negativo llegue a tu mente, examina su fruto:

- ¿Está alineado con la verdad de Dios o distorsiona su carácter?
- ¿Te conduce a una mayor intimidad con Él o te aleja en confusión?
- ¿Trae paz al corazón o siembra ansiedad y temor?
- ¿Te anima a avanzar en fe o te frena con dudas silenciosas?

Si un pensamiento no refleja la verdad de Dios es momento de capturarlo y reemplazarlo.

Ejemplo bíblico: Josué y Caleb versus los espías temerosos

Moisés envió a doce hombres a explorar la tierra prometida. Diez de ellos regresaron con un informe negativo: «No podremos subir contra aquel pueblo, porque es más fuerte que nosotros» (Números 13:31).

Si observas, sus pensamientos estaban gobernados por el temor y la incredulidad, y esa mentalidad contagió a todo Israel, que terminó cayendo en la desesperanza.

Lo que ocurrió en esa escena no fue solo una diferencia de opinión, fue una batalla espiritual por la mente y la percepción. Mientras diez espías permitieron que sus pensamientos fueran moldeados por el miedo y las apariencias, Josué y Caleb se alinearon con la verdad de Dios, recordando su promesa por encima de las circunstancias. No se trataba solo de gigantes externos, sino de fortalezas internas y de pensamientos que, o bien limitaban, o liberaban la obediencia del pueblo.

Josué y Caleb, en cambio, tenían una mentalidad diferente. Mientras los demás veían gigantes, ellos veían oportunidades. En lugar de temor, tenían fe en la promesa de Dios: «Si Jehová se agradare de nosotros, él nos llevará a esta tierra y nos la entregará» (Números 14:8).

Este pasaje nos enseña que muchas veces el primer territorio que Dios quiere que conquistes no es externo, sino interno. Antes de ver tierra prometida con tus ojos, debes verla con tu mente renovada. La victoria de Josué y Caleb comenzó en el momento en que decidieron creer diferente, hablar diferente y pensar diferente. Ellos no negaron los desafíos, pero escogieron filtrar los hechos a través de la fidelidad de Dios y eso fue lo que los convirtió en verdaderos vencedores. Este contraste muestra que no es la situación lo que determina nuestra realidad, sino la perspectiva con la que la enfrentamos.

Pasos prácticos para capturar y reemplazar pensamientos negativos

A continuación, te presento una guía sencilla y práctica que puedes aplicar cada vez que detectes un pensamiento que no proviene de Dios. Esta estrategia no solo te ayudará a proteger tu mente, sino a renovar tu manera de pensar y actuar:

1. **Identifica el pensamiento negativo.** No puedes vencer lo que no reconoces. «Lo que es expuesto a la luz, se hace visible» (Efesios 5:13).
2. **Evalúa su origen.** Pregúntate: ¿de dónde viene este pensamiento? ¿Es una mentira, un miedo infundado o una voz del enemigo? «No todo pensamiento viene de Dios; pruébalo antes de aceptarlo» (1 Juan 4:1).
3. **Reemplázalo con la verdad de Dios.** «La verdad que conoces es la que te libera» Juan (8:32). Encuentra un versículo que lo contradiga y decláralo en voz alta. Aquí tienes algunos ejemplos para empezar: «No valgo nada». «Soy creación de Dios, hecho a su imagen» (Génesis 1:27); «Voy a fracasar otra vez». «Dios tiene planes de bien para mí» (Jeremías 29:11); «Estoy solo». «Dios nunca me dejará ni me desamparará» (Hebreos 13:5).
4. **Declara la verdad hasta que se convierta en tu nueva realidad.** Memorízala, repítela y aférrate a ella. «Lo que dices tiene poder de vida o muerte: usa tu boca para edificar» (Proverbios 18:21).

5. **Rodéate de personas que hablen vida.** La renovación de la mente se fortalece en comunidad. «Rodéate de quienes te animen a seguir en fe y verdad» (Hebreos 10:24–25).

Cada vez que dudas de ti mismo le das al enemigo terreno que ya fue conquistado en la cruz. El autosabotaje no tiene lugar en la mente de un vencedor. Hoy es el día para romper con esos ciclos de autoderrota y empezar a construir pensamientos que te impulsen hacia el propósito que Dios diseñó para ti.

Verdades que transforman

- No todo pensamiento que tengo viene de Dios.
- Tengo autoridad para evaluar y reemplazar lo que pienso.
- La verdad de Dios tiene poder para destruir fortalezas mentales.
- Lo que pienso afecta cómo vivo.
- Puedo vivir con una mente alineada a la verdad.
- Cada pensamiento que rindo a Cristo es una parte más de mi vida que vuelve a su diseño original.

Preguntas para meditar

1. ¿Qué pensamientos negativos he permitido en mi mente como si fueran normales y aceptables?

2. ¿Qué verdad de Dios debo declarar con firmeza y constancia para romper esos patrones?
3. ¿Estoy dispuesto hoy a capturar cada pensamiento y rendirlo completamente a la autoridad de Cristo?

Acción del día

Haz este ejercicio práctico:

1. Escribe tres pensamientos negativos que has estado permitiendo.
2. Busca un versículo que contradiga cada uno.
3. Declaralos en voz alta durante el día.
4. Comprométete a no aceptar pensamientos que no reflejen la verdad de Dios.

Declaración de fe

«Hoy llevo cautivo todo pensamiento a la obediencia de Cristo. Mi mente se alinea con su verdad».

Oración del día

«Señor, hoy decido capturar cada pensamiento que no refleje tu verdad. Rechazo las mentiras que me han limitado y elijo creer lo que tú dices de mí. Dame la sabiduría para discernir lo que proviene de ti y la fortaleza para reemplazar todo pensamiento negativo con tu Palabra. Gracias porque me has dado una mente renovada y libre. En el nombre de Jesús, amén».

Ahora que sabes identificar pensamientos destructivos, es tiempo de cultivar la autodisciplina para permanecer en la verdad. Lo que parecía un ciclo inquebrantable puede romperse. En la siguiente reflexión aprenderemos cómo capturar cada pensamiento que sabotea tu propósito y rendirlo a la obediencia a Cristo.

Día 12

La autodisciplina mental: perseverar en la verdad

La renovación mental no depende de la emoción, sino de la decisión.

Hay días en los que te levantas motivado, decidido a pensar conforme a la verdad. Pero también hay otros en los que parece más fácil rendirse al pensamiento automático, ese que arrastra temor, duda, desánimo o pereza espiritual. En esos momentos lo que sostiene tu enfoque no es la emoción, sino la disciplina.

Imagina a un atleta que se está preparando para una competencia. No importa cuán talentoso sea, si no entrena constantemente su habilidad se debilita. La disciplina es lo que marca la diferencia entre un atleta aficionado y un campeón.

Así ocurre con nuestra mente. No basta con recibir la verdad una vez, debemos ejercitar nuestra mente en la verdad todos los días. La autodisciplina mental es el compromiso diario de renovar nuestros pensamientos, de resistir las distracciones y de mantenernos firmes en lo que Dios ha dicho, aunque las circunstancias nos digan lo contrario.

Muchas veces esperamos que los pensamientos correctos lleguen automáticamente, pero la realidad es que la mente tiende a divagar. La ansiedad, la duda y los patrones de pensamiento antiguos intentan colarse cuando bajamos la guardia. Es aquí donde la disciplina entra en acción: debemos tomar la decisión consciente de perseverar en la verdad de Dios, incluso cuando no sentimos ganas de hacerlo.

La Escritura no nos manda a ser motivados, sino a ser constantes. En 1 Corintios 15:58, Pablo nos exhorta: «Estad firmes y constantes, creciendo en la obra del Señor siempre...». La constancia nace de la convicción, no de la emoción. Dios honra a quienes, aun sin sentir, obedecen por fe. La mente que persevera en su Palabra, aunque sea en medio del cansancio o la rutina, está construyendo una fortaleza espiritual invisible, pero poderosa. Porque cada vez que eliges la verdad por encima de la duda, estás siendo transformado a la imagen de Cristo. No estás repitiendo por repetir, estás reprogramando tu manera de vivir.

«Tú guardarás en completa paz a aquel cuyo pensamiento en ti persevera, porque en ti ha confiado».

Isaías 26:3

La importancia de la autodisciplina en la renovación mental

Renovar la mente no es un acto aislado, es una práctica sostenida. La autodisciplina no siempre se ve, pero sus frutos son evidentes. Las personas con una mente renovada no llegaron allí por accidente, sino porque hicieron de la verdad un hábito y de la fe una decisión diaria.

La Biblia nos llama a ser firmes en nuestra fe, a no ser llevados por pensamientos inconstantes. La autodisciplina mental nos permite:

1. **Filtrar lo que entra en nuestra mente**. No todo lo que escuchamos o pensamos es verdad.
2. **Permanecer en la verdad a pesar de las emociones**. La verdad de Dios no cambia con lo que sentimos.
3. **Desarrollar hábitos de pensamiento saludables**. Lo que repetimos con intención se transforma en convicción.
4. **Evitar volver a patrones antiguos**. La disciplina nos mantiene firmes en el proceso de renovación.

Ejemplo bíblico: Daniel, una mente disciplinada en la verdad

Uno de los ejemplos más impactantes de autodisciplina mental en la Biblia es el de Daniel. A una edad muy temprana, fue llevado cautivo a Babilonia junto con otros israelitas y se encontró de repente en una cultura que intentaba reprogramar su identidad, su fe y su forma de pensar. Le cambiaron el nombre, le enseñaron otra lengua, le ofrecieron la comida del rey y trataron de borrar su legado espiritual, pero Daniel no se dejó moldear por el sistema. Desde el comienzo decidió mantenerse fiel a Dios, aun estando lejos de su tierra, sin templos, sin pastores y sin apoyo visible.

Daniel no solo tenía convicciones, sino que tenía constancia. Cuando fue llevado cautivo a Babilonia, estaba rodeado de una cultura que intentaba moldear su manera de pensar y vivir.

La presión de adaptarse era constante, pero Daniel decidió no contaminar su corazón (Daniel 1:8). Su decisión no fue impulsiva, fue sostenida.

Él no resistió por mera fuerza de voluntad, sino porque su mente ya había sido entrenada en la verdad antes de que llegara la prueba. Su autodisciplina espiritual no empezó en el foso de los leones, comenzó en los pequeños actos diarios de obediencia, en la decisión constante de alinearse con lo que Dios decía, aunque todo a su alrededor dijera lo contrario. Daniel entendía que la verdadera batalla no era externa, sino interna, porque lo que se gana en la mente se refleja en la vida. Esa es la clave de toda perseverancia espiritual; decidir a diario quién ocupará el trono de tu pensamiento, aun cuando nadie te esté mirando.

A través de la oración diaria, la obediencia y el enfoque, Daniel cultivó una mente firme. Incluso cuando el decreto del rey prohibió orar, él no dejó de hacerlo. Mantuvo su hábito, su enfoque y su fe, porque la disciplina ya era parte de su identidad.

El resultado fue contundente: Dios lo protegió en el foso de los leones y lo posicionó en lugares de influencia. Su historia nos recuerda que una mente entrenada en la verdad resiste cualquier tormenta y permanece firme cuando todo alrededor cambia.

Cómo ejercitar la autodisciplina mental

La disciplina no se impone, se entrena. Si quieres fortalecer tu mente y mantenerla alineada con Dios, necesitas establecer prácticas que te mantengan enfocado. Aquí te comparto cómo hacerlo de forma intencional y progresiva:

1. **Establece un tiempo diario para renovar tu mente**. Lee la Biblia, ora, reflexiona en la verdad.
2. **No dejes que las emociones dicten tu día**. Filtra tus pensamientos: ¿es verdad o solo una emoción?
3. **Controla lo que consumes**. Pregúntate: ¿esto me acerca o me aleja de la verdad de Dios?
4. **Rodéate de personas que refuercen la verdad de Dios**. La comunidad correcta fortalece tu disciplina.
5. **Repite y memoriza la verdad**. La repetición reprograma tu mente. Memoriza, declara, reemplaza.
6. **No te rindas cuando falles**. La disciplina no es perfección, es perseverancia.

El cansancio no es el final de tu historia. Es el punto donde decides si te rindes o te renuevas. Aunque sientas que las fuerzas se acaban, recuerda: el Espíritu de Dios dentro de ti jamás se agota. Hoy es el día para dejar que Él te fortalezca y para levantar tus alas una vez más.

Verdades que transforman

- La mente necesita entrenamiento constante para mantenerse firme.
- La disciplina espiritual es más poderosa que la motivación emocional.
- Dios honra a quienes perseveran en su verdad.
- No todo pensamiento es válido: debo filtrar lo que recibo.
- Una mente disciplinada vive en paz, aun en tiempos difíciles.

Preguntas para meditar

1. ¿En qué áreas de mi vida he estado careciendo de disciplina mental y cómo ha afectado mi avance?
2. ¿En qué momentos he dejado que mis emociones tomen el control sobre la verdad de la Palabra?
3. ¿Qué hábito espiritual puedo iniciar hoy para renovar y fortalecer mi mente día tras día?

Acción del día

Hoy, toma una decisión:

1. Elige una disciplina mental para esta semana:
   a. Leer un capítulo de la Biblia cada mañana.
   b. Memorizar un versículo cada día.
   c. Declarar una verdad bíblica al despertar.
2. Comprométete a no alimentar pensamientos erróneos.
3. Escribe una oración de compromiso a Dios.

Haz de tu mente un gimnasio espiritual: ejercita la verdad todos los días.

Declaración de fe

«Hoy perseveraré en la verdad aunque no sienta ganas. La disciplina de mi mente honra a Dios».

Oración del día

«Señor, hoy decido ser disciplinado en mi manera de pensar. No quiero vivir gobernado por mis emociones ni por mentiras, sino por tu verdad. Ayúdame a mantenerme firme, a recordar tu Palabra y a ejercitar mi mente en lo que es bueno, justo y verdadero. Gracias porque con tu Espíritu tengo la fuerza para perseverar. En el nombre de Jesús, amén».

Mañana daremos un paso más: no se trata solo de lo que piensas, sino de lo que permites entrar en tu mente cada día.

Día 13

Filtrando la información que alimenta nuestra mente

Tu mente no es basurero emocional: es semillero de propósito.

Vivimos en una era de exceso informativo. Desde que despertamos hasta que nos acostamos estamos expuestos a noticias, redes sociales, entretenimiento y opiniones que bombardean nuestra mente. El acceso ilimitado a la información, aunque parece una bendición, muchas veces termina siendo una fuente de confusión, temor y desgaste espiritual.

No solo escuchamos muchas voces, sino que permitimos que habiten en nosotros sin filtros. Lo que escuchas repetidamente comienza a formar parte de tu sistema de creencias. Por eso, el enemigo ha perfeccionado una estrategia sutil pero efectiva: usar el exceso de contenido para anestesiar tu discernimiento. No lo hace con mentiras directas, sino con verdades a medias, con ruido, con comparaciones y distracciones que desvían tu atención de la voz de Dios.

«A los cielos y a la tierra llamo por testigos hoy contra vosotros, que os he puesto delante la vida y la muerte, la bendición y la maldición; escoge, pues, la vida, para que vivas tú y tu descendencia».

Deuteronomio 30:19

El enemigo lo sabe. Sabe que una mente sobreestimulada y llena de ruido es más vulnerable al engaño. Por eso, una de sus estrategias más sutiles es distraernos con información que, aunque parezca inofensiva, nos aleja de la verdad de Dios. No todo lo que es popular es saludable para el alma. Filtrar la información que alimenta nuestra mente es un acto de sabiduría espiritual.

La Escritura nos muestra que lo que habita en nuestra mente no es inofensivo: es el campo donde se siembra o se arruina el propósito. Por eso dice: «Sobre todas las cosas que debes cuidar, cuida tu corazón, porque de él mana la vida» (Proverbios 4:23). En la mentalidad hebrea, el corazón es también el centro del pensamiento, la voluntad y el espíritu. Así que, cuidar el corazón implica vigilar lo que pensamos, lo que dejamos entrar y lo que creemos en lo íntimo. La vigilancia espiritual empieza en discernir lo que fortalece la vida de Dios en ti y lo que la debilita. No es cuestión de cuánto escuchas, sino de qué estás creyendo. Si no filtramos con la verdad, cualquier mentira bien disfrazada puede terminar moldeando nuestra identidad.

Cómo la información mal filtrada debilita la fe

Así como vigilamos lo que entra en nuestro cuerpo, necesitamos también proteger lo que entra por nuestros ojos y oídos. Cuando no filtramos lo que escuchamos y vemos, damos acceso a pensamientos que distorsionan nuestra percepción de la realidad. Estos son algunos ejemplos bíblicos de cómo una información no procesada correctamente puede desviar a una persona del propósito de Dios:

1. **Engaño en el Edén**: Satanás no negó la instrucción de Dios, pero la torció con una pregunta que sembró duda: «¿Conque Dios os ha dicho...?» (Génesis 3:1). Una distorsión de la verdad fue suficiente para abrir la puerta al pecado.
2. **Temor en el desierto**: diez espías regresaron con un informe lleno de hechos, pero vacíos de fe. Dijeron: «...el pueblo es más fuerte que nosotros» (Números 13:31). Su reporte sembró miedo en lugar de esperanza, y una nación entera perdió la oportunidad de entrar en la tierra prometida.
3. **Distracción en el mundo moderno**: hoy, el enemigo ya no necesita persecución ni presión visible. Le basta con mantenernos distraídos. El exceso de entretenimiento, ideologías opuestas a la Palabra y la constante necesidad de validación digital han debilitado la fe de muchos creyentes. Sin darnos cuenta cambiamos el tiempo con Dios por pantallas que no alimentan nuestra alma.

Filtrar la información: un acto de vigilancia espiritual

Filtrar la información no es simplemente una buena práctica digital, es una disciplina espiritual. En un mundo donde todo compite por nuestra atención, ejercer vigilancia sobre lo que dejamos entrar a nuestra mente se vuelve esencial para vivir una fe sólida. Filtrar es discernir, es elegir, es cuidar lo que Dios está construyendo dentro de ti.

Así como un guardia vigila la puerta de una ciudad para protegerla del enemigo, tú estás llamado a ser guardián de tu mente. No toda voz merece tu atención, ni toda idea merece espacio en tu interior. Este acto de vigilancia espiritual no se trata de vivir aislado del mundo, sino de aprender a navegarlo con discernimiento. Aquí algunas preguntas clave para desarrollar discernimiento:

1. **¿De dónde viene esta información?** ¿Es confiable y alineada con la verdad de Dios?
2. **¿Qué produce en mí?** ¿Me llena de paz o de ansiedad? ¿Fortalece mi fe o la debilita?
3. **¿Se alinea con la Palabra?** Usa Filipenses 4:8 como filtro espiritual.
4. **¿Qué dice el Espíritu Santo?** Si algo te inquieta, préstale atención a esa incomodidad.

Ejemplo bíblico: Eva y la voz que no fue filtrada

En el Edén, la primera gran caída no comenzó con un acto, sino con una conversación. La serpiente no atacó físicamente a Eva, atacó su percepción. Torció la instrucción de Dios con una pregunta que parecía inofensiva: «¿Conque Dios les ha dicho que no coman de ningún árbol del huerto?» (Génesis 3:1). No fue una mentira directa, sino una distorsión sutil que sembró confusión y esa confusión abrió la puerta al pecado.

Eva no tenía la Escritura escrita, pero sí tenía una palabra clara de parte de Dios: había recibido su instrucción directamente (Génesis 2:16–17) y vivía en comunión con Él. Tenía acceso a su voz y conocía su carácter. Lo que debía haber hecho era recordar lo que Dios ya le había dicho y filtrar esa nueva voz a la luz de esa verdad revelada. Pero al permitir que el enemigo sembrara duda sobre la bondad de Dios —como si Él estuviera ocultando algo— su percepción cambió, su deseo cambió y su destino también.

Esta historia nos revela una verdad profunda: la caída no comenzó en el fruto, sino en el pensamiento no filtrado. Lo que no examinas, te contamina. No toda voz merece tu atención, ni toda información debe entrar sin filtro. Aún hoy, el enemigo no necesita gritar, solo necesita sembrar una duda sutil. Por eso, Dios te llama a ser vigilante y a filtrar cada pensamiento a la luz de lo que Él ya te ha hablado, de lo que su Palabra dice y de lo que su Espíritu confirma. Lo que dejas entrar en tu mente, decide qué crecerá en tu corazón.

Hoy no necesitas escuchar a una serpiente literal para ser tentado; basta con un pensamiento mal filtrado, una voz contraria a la verdad de Dios o una opinión que distorsiona lo que Él ya dijo. La clave está en lo que haces con eso. Pregúntate: ¿esto se alinea con lo que Dios ya me mostró? ¿Me recuerda quién es Él o me siembra duda? Ahí es donde se gana —o se pierde— la batalla.

Cómo practicar la higiene mental diariamente

Así como cuidamos nuestra salud física con alimentación y ejercicio, nuestra mente también necesita cuidado diario. Practicar la higiene mental no es una tarea ocasional, debe ser parte de una rutina espiritual consciente. Cada día enfrentamos pensamientos y contenidos que impactan lo que creemos y cómo nos sentimos. Aquí algunas formas prácticas de proteger y fortalecer tu mente:

1. **Aprende a decir no a lo innecesario**. No todo lo que llama tu atención merece tu tiempo. Lo que no edifica, desgasta.
2. **Llena tu mente de lo eterno, no solo de lo inmediato**. Elige más Biblia, menos ruido digital. Lo que consumes moldea lo que crees.
3. **Haz de la Palabra tu alimento diario**. Memoriza versículos que fortalezcan tu fe y renueven tu forma de pensar.
4. **Consulta al Espíritu antes de exponerte a cualquier voz**. Si algo no te da paz, no ignores esa inquietud; escucha primero al Espíritu Santo.
5. **Rodéate de quienes te acerquen a Dios**. Las voces que más escuchas influyen en la dirección de tu vida. Que tus relaciones nutran tu fe.

Verdades que transforman

- No todo lo que escucho debe entrar a mi mente.
- Decido filtrar la información a la luz de la Palabra de Dios.
- La fe se fortalece cuando elijo lo que alimento en mi interior.
- Soy guardián de mi mente para proteger el propósito de Dios en mí.

Acción del día

Haz un *detox* mental:

- Revisa las cuentas y páginas que sigues. ¿Edifican o distraen?

- Haz ayuno de redes por veinticuatro horas y reemplázalo con lectura bíblica.
- Escribe tres fuentes que sí alimentan tu fe y úsalas más.

Declaración de fe

«Hoy soy guardián de mi mente. Elijo solo aquello que edifica, fortalece y glorifica a Dios».

Oración del día

«Señor, hoy decido proteger mi mente de la sobrecarga de información. Ayúdame a filtrar todo lo que entra con el discernimiento de tu Espíritu. No quiero vivir en confusión, sino en la verdad. Guía mi mente hacia lo que edifica y fortalece mi fe. En el nombre de Jesús, amén».

En el siguiente paso descubrirás cómo las palabras que escuchas —y las que pronuncias— moldean tu mente y tu identidad. Cada decisión que tomes hoy abre o cierra caminos eternos. Mañana aprenderás a romper las cadenas que impiden que avances hacia la plenitud de tu propósito.

Día 14

La influencia de las palabras en nuestros pensamientos

Las palabras son semillas: lo que declaras hoy puede florecer o marchitarse mañana.

Las palabras no solo describen lo que pensamos, sino que moldean lo que llegamos a creer. Lo que alguien dijo de ti, lo que tú mismo repites en silencio o lo que escuchas una y otra vez termina habitando tu mente y definiendo tu forma de ver la vida.

Esto no tiene que ver con autosugestión ni con repetir frases para sentirse mejor. En la Biblia, el hablar con poder no nace del esfuerzo humano ni del pensamiento positivo, sino de una fe viva anclada en lo que Dios ha dicho. No es tu voz la que transforma, es la verdad que esa voz transporta. Cuando el centurión le dijo a Jesús: «di la palabra y mi criado sanará» (Mateo 8:8), no estaba usando una técnica mental, estaba creyendo en la autoridad que había en Su voz. Cuando Jesús reprendía tormentas, maldijo una higuera o resucitaba muertos, no lo hacía por sugestión, sino porque hablaba como quien tiene toda autoridad en el cielo y en la tierra. Y cuando tú declaras en fe lo que Dios ya ha dicho, no estás manipulando la realidad, estás alineando tu boca con el Reino. Por eso, hablar con fe no es inventar, es repetir lo que el cielo ya estableció.

La Escritura nos enseña que la palabra no solo informa: transforma. Por eso, cuando Dios quería cambiar la historia de alguien, primero cambiaba su nombre, su forma de hablar y lo que escuchaba. A Abraham le dijo: «Te he puesto por padre de muchedumbre de gentes» (Génesis 17:5), antes de que tuviera un hijo. A Gedeón le llamó «varón esforzado y valiente» (Jueces 6:12) mientras él se escondía con miedo. Dios no describe lo que ves, declara lo que Él ha determinado y espera que tú también lo hagas. Las palabras que salen de tu boca deben estar alineadas con lo que Dios ve, no con lo que el temor susurra. Porque cuando tu boca se une al cielo, tu mente comienza a renovarse y tu historia empieza a cambiar.

Desde la creación, Dios nos mostró que las palabras tienen poder para formar realidades. Él no pensó el universo: lo habló. «Y dijo Dios: Sea la luz; y fue la luz» (Génesis 1:3). Esas mismas palabras, cuando son repetidas desde la fe, siguen creando luz donde hay oscuridad.

Pero también sucede lo contrario: palabras cargadas de duda, desánimo o juicio pueden sembrarse como semillas tóxicas en nuestra mente, y si no las filtramos, terminan echando raíces.

«La muerte y la vida están en poder de la lengua, y el que la ama comerá de sus frutos».

Proverbios 18:21

Si queremos renovar nuestra mente como vencedores, debemos revisar el lenguaje que alimenta nuestros pensamientos: lo que aceptamos, lo que declaramos y lo que dejamos que otros digan sobre nosotros.

Las palabras pueden edificar o destruir nuestra identidad

1. **Las palabras de Dios nos dan identidad**. Antes de hacer milagros o enseñar, Jesús fue afirmado por el Padre: «Este es mi Hijo amado, en quien tengo complacencia» (Mateo 3:17).
2. **Las palabras negativas pueden frenar nuestro propósito**. Los espías que regresaron con incredulidad dijeron: «No podremos subir contra aquel pueblo» (Números 13:31). Ese lenguaje de derrota desvió a una nación entera del plan de Dios.
3. **Las palabras de Jesús restauran**. Pedro, después de negar a Jesús, fue restaurado con amor: «Simón, ¿me amas?» (Juan 21:15). Una pregunta suave, cargada de gracia, redirigió su propósito.

El enemigo usa palabras para sembrar mentiras

Satanás no necesita gritar para herirte: le basta con un susurro constante. Te lanza pensamientos como:

- «No eres suficiente».
- «Siempre vas a fallar».
- «Dios ya se cansó de ti».
- «Tu historia está marcada por el error».

Y si no filtras esas frases, comienzas a hacerlas tuyas. El enemigo sabe que si logra cambiar tu lenguaje interior cambiará tu visión, tus decisiones y tu destino. Por eso insiste en contaminar tu vocabulario interior con mentiras disfrazadas de verdad.

«El poder de la vida y de la muerte está en la lengua...».
Proverbios 18:21

Esta verdad bíblica nos recuerda que las palabras que decimos —incluso cuando van dirigidas a nosotros mismos— tienen el poder de crear o destruir. No son simples sonidos: son llaves que abren caminos o cierran puertas en nuestra mente y corazón. Dios diseñó el lenguaje como una herramienta de creación, no de condenación. Si repetimos constantemente frases que nos rebajan, estamos usando nuestra boca para construir muros y no puentes. Pero cuando hablamos en línea con lo que Dios ha dicho, activamos vida espiritual sobre nosotros. Cada palabra es una semilla: ¿qué estás sembrando hoy?

«Porque de la abundancia del corazón habla la boca».
Mateo 12:34

Las palabras que salen de nuestra boca revelan lo que ha estado llenando nuestra mente y alma. Si nuestros pensamientos están llenos de temor, inseguridad o rechazo, eso se reflejará en lo que decimos. Pero si permitimos que la verdad de Dios habite en nosotros, nuestras palabras comenzarán a edificar, sanar y afirmar. Este versículo es un llamado a revisar no solo cómo hablamos, sino también qué hemos estado permitiendo que se instale dentro de nosotros. Una boca transformada empieza por una mente renovada.

Jesús nos enseñó cómo enfrentar esto: con la Palabra. Cada vez que fue tentado, respondió: «Escrito está» (Mateo 4:4-10). Tú también puedes reescribir tu historia empezando por tus palabras.

Ejemplo bíblico: el poder devastador y restaurador de las palabras en la vida de Job

Pocos hombres enfrentaron una batalla mental y emocional tan intensa como Job. Lo perdió todo en un instante: hijos, salud, posesiones. Pero además del dolor físico y emocional, hubo algo que intentó quebrarlo aún más: las palabras de quienes lo rodeaban.

En medio de su aflicción, sus amigos hablaron desde la religiosidad, no desde la compasión. Lo acusaron sutilmente, insinuando que su sufrimiento era castigo divino por algún pecado oculto (Job 4:7–8). Palabras duras, envueltas en juicios humanos, comenzaron a sembrar en su mente confusión, culpa e incluso enojo. En lugar de levantarlo, lo hundieron más. Esta es una imagen poderosa de cómo el lenguaje, cuando no está alineado con la gracia de Dios, puede convertirse en una carga más pesada que la prueba misma. Las palabras de sus amigos fueron como espinas que intensificaban su dolor interior.

Pero entonces, en medio del caos, Dios también habló. Y cuando lo hizo, su voz no repitió los juicios, sino que trajo revelación. En Job 38 en adelante, Dios confronta a Job, pero no para aplastarlo, sino para abrirle los ojos. Sus palabras no fueron condenatorias, fueron restauradoras. Lo llevó a mirar más allá de su dolor, a comprender la grandeza de Dios y su lugar en el plan eterno. El resultado fue una transformación profunda: «De oídas te había oído; mas ahora mis ojos te ven» (Job 42:5). En ese instante, Job no solo fue restaurado en lo material, sino en lo espiritual.

¿La diferencia? La fuente de las palabras

Las de los hombres lo quebraron y las de Dios lo restauraron. Lo que escuches en medio del dolor puede acercarte o alejarte de la verdad. Si solo escuchas voces humanas, puedes terminar más herido que al comienzo. Pero si permites que la Palabra de Dios sea la que hable más fuerte, ella traerá vida, identidad y propósito a tu alma. Hoy, decide quién tiene la última palabra sobre ti. Lo que hoy estás creyendo viene de lo que decidiste escuchar, pero también puedes decidir volver a oír la voz de Dios y esa decisión cambiará tu final.

Cómo cambiar nuestra manera de hablar y escuchar

1. **Habla vida sobre ti mismo**. Deja de repetir lo que el miedo te dijo. Comienza a decir lo que Dios ha dicho. Ejemplo: «Soy un fracaso», «Todo lo puedo en Cristo» (Filipenses 4:13).
2. **Rodéate de palabras edificantes**. Escoge entornos y conversaciones que te construyan.
3. **Corrige tu lenguaje hacia los demás**. Usa tus palabras para sanar, no para herir. Pregúntate: ¿esto edifica?

4. **Filtra lo que escuchas**. No toda opinión sobre ti es verdad. Lo que no se alinea con la Palabra, deséchalo.
5. **Declara la Palabra todos los días**. Haz de la verdad de Dios tu nuevo idioma.

Ejercicio práctico: crea tu vocabulario de fe

Hoy, comprométete a cambiar tu manera de hablar... comenzando contigo.

1. Haz una lista de frases que repites en tu interior (por ejemplo: «No soy capaz», «Siempre me equivoco»).
2. Escribe al lado una verdad bíblica que la contradiga (por ejemplo: «Todo lo puedo en Cristo»).
3. Decláralas en voz alta cada mañana durante una semana.
4. Graba tu voz o escríbelas en tarjetas visibles.
5. Repite hasta que esas frases sean más fuertes que las mentiras que una vez creíste. Aquí algunas para comenzar:
    a. «Soy amado por Dios» (1 Juan 3:1).
    b. «Dios tiene planes de bien para mí» (Jeremías 29:11).
    c. «Tengo la mente de Cristo» (1 Corintios 2:16).
    d. «Nada me separará del amor de Dios» (Romanos 8:38–39).
    e. «Soy más que vencedor» (Romanos 8:37).
6. Escribe tu nuevo vocabulario en una tarjeta. Llévalo contigo esta semana.

Verdades que transforman

- Mis palabras construyen pensamientos, y mis pensamientos dirigen mi vida.
- La Palabra de Dios es mi nueva manera de hablar.
- Lo que declaro en fe se convierte en fundamento.
- El enemigo se debilita cuando hablo con verdad.
- La renovación de mi mente comienza en mi boca.

Preguntas para meditar

1. ¿Qué frases he repetido que necesitan ser reemplazadas?
2. ¿Estoy usando mis palabras para edificar mi fe o para reforzar mi temor?
3. ¿Qué verdad necesito declarar con más constancia esta semana?

Acción del día

Hoy, toma autoridad sobre tu lenguaje. Graba un audio para ti mismo repitiendo las verdades de Dios. Escúchalo cada mañana durante los próximos tres días.

Declaración de fe

«Hoy declaro palabras de vida y fe. Mis pensamientos se fortalecen en lo que escucho y confieso».

Oración del día

«Señor, hoy reconozco que mis palabras han dado forma a mis pensamientos. Ayúdame a hablar con sabiduría, verdad y amor. Renueva mi lenguaje interior y exterior. Quiero declarar lo que tú has dicho y vivir como has hablado sobre mí. En el nombre de Jesús, amén».

Mañana hablaremos del vínculo profundo entre lo que piensas y lo que sientes: cómo una mente renovada puede sanar tu corazón. Tras romper las cadenas internas, el siguiente paso es vestir tu mente con la verdad que afirma quién eres en Cristo. Prepárate para sellar tu libertad.

Día 15

Renovar la mente para sanar el corazón

No sanarás el corazón si sigues alimentando tu mente con la misma historia.

Muchas personas viven con el corazón roto sin saber que la herida más profunda no fue el hecho vivido, sino el pensamiento que quedó guardado. Esas palabras dichas en la infancia, ese juicio no resuelto, esa traición mal procesada que, con el tiempo, se convierten en narrativas que nos atrapan.

El dolor no solo hiere, también habla. Y si no renovamos nuestra mente con la verdad de Dios, ese dolor termina construyendo pensamientos que deforman nuestra identidad.

«Y el Dios de paz os santifique por completo; y todo vuestro ser, espíritu, alma y cuerpo, sea guardado irreprensible para la venida de nuestro Señor Jesucristo».

1 Tesalonicenses 5:23

Pero, así como una mentira sostenida puede enfermarnos, la verdad de Dios puede sanarnos; la sanidad del corazón no comienza en las emociones, sino en el pensamiento. Lo que creemos determina cómo nos sentimos, y lo que pensamos puede abrir la puerta a la restauración de nuestra alma.

La Biblia no separa mente y corazón como dos mundos distintos, sino que los entrelaza en el proceso de transformación. Por eso, cuando el apóstol Pablo nos llama a ser transformados por la renovación del entendimiento (Romanos 12:2), nos está mostrando que todo cambio profundo comienza en el pensamiento. En el libro de Salmos 139:23 dice: «Examíname, oh Dios, y conoce mi corazón; pruébame y conoce mis pensamientos», lo cual revela que lo que pensamos afecta directamente la salud del alma. No podemos sanar lo emocional sin confrontar lo mental, porque muchas emociones rotas son el fruto de pensamientos mal sembrados. Cuando la mente es tocada por la verdad de Dios, el corazón empieza a latir con libertad.

Las palabras hieren, pero la verdad sana

Las heridas más profundas no siempre vienen de hechos, sino de frases: lo que alguien dijo cuando eras niño, lo que gritó alguien en un momento de rabia, lo que tú mismo empezaste a repetir después de fallar.

Frases como: «No sirves para nada», «Eres un fracaso», «Nadie te va a querer» parecen olvidarse con el tiempo, pero se quedan sembradas en la mente, afectan tu manera de verte y de vivir.

Sin embargo, así como esas palabras crearon heridas, también puede venir una verdad que las desactive y sane. Dios ha dejado en su Palabra afirmaciones que no solo corrigen lo que escuchamos, sino que reescriben lo que creemos. Cuando permitimos que la verdad sea mayor que el recuerdo la sanidad comienza.

Jesús mismo mostró este principio al sanar al paralítico en Marcos 2. Antes de decirle «levántate», le dijo: «Tus pecados te son perdonados». Es decir, antes de restaurar lo físico, Jesús tocó lo invisible, lo interno, lo culpable, lo quebrado. Porque una mente que ha sido liberada del peso de la culpa y de las mentiras, es una mente lista para recibir sanidad verdadera. Cada verdad que recibimos de Dios reemplaza una mentira que nos enfermó. Cada palabra de vida que abrazamos se convierte en medicina para el alma. Proverbios 4:20–22 nos recuerda: «Atiende a mis palabras... porque son vida... y medicina a todo su cuerpo». La verdad no solo consuela: restaura.

La conexión entre mente y corazón

La Biblia nos muestra que somos un ser integral: espíritu, alma y cuerpo. Y el alma —donde habitan la mente, la voluntad y las emociones— es el puente entre lo espiritual y lo visible. Por eso es tan importante entender esta conexión:

1. **Lo que piensas afecta lo que sientes**. No hay emoción sin pensamiento. Si crees que no vales nada te sentirás triste o ansioso. Pero si piensas en la verdad de Dios experimentarás gozo y esperanza.
2. **Tus emociones reflejan tus creencias internas**. Las emociones no mienten, pero tampoco mandan. Solo son mensajeras. Si están fuera de control probablemente hay un pensamiento no filtrado detrás.
3. **Sanar el corazón comienza con renovar la mente**. Puedes querer sentirte mejor, pero si sigues creyendo las mismas mentiras, el alivio será temporal. La verdadera sanidad llega cuando cambias la forma de pensar.

Ejemplo bíblico: José, una mente renovada que sanó su corazón

José es uno de los ejemplos más poderosos de resiliencia espiritual en la Biblia. Fue traicionado por sus hermanos, vendido, olvidado en prisión y acusado falsamente. Cualquier persona con esa historia tendría razones legítimas para vivir amargada, pero José no lo hizo.

¿Por qué? Porque su mente no se quedó atrapada en lo que vivió, sino que eligió interpretar su historia desde la mirada de Dios. «Vosotros pensasteis mal contra mí, mas Dios lo encaminó a bien...» (Génesis 50:20).

En lugar de alimentar pensamientos de venganza, cultivó pensamientos de propósito. Su mente renovada protegió su corazón herido. Su enfoque en Dios lo liberó de la prisión del rencor, mucho antes de ser liberado de la prisión física.

La clave de José fue interpretar su historia no desde el dolor, sino desde el propósito. Su capacidad para perdonar no nació del olvido, sino de una mente renovada que veía a Dios aún en medio de la traición. José no negó lo que le hicieron, pero tampoco dejó que lo que vivió definiera quién era. Su mirada estaba tan alineada con la soberanía de Dios, que pudo declarar con convicción: «Dios lo encaminó a bien». Esa es la mente de un vencedor: la que filtra el pasado a través de la redención y no del resentimiento.

Así como José, tú también puedes decidir con qué lente vas a mirar tu historia. Puedes quedarte repitiendo mentalmente la traición, la injusticia o el rechazo... o puedes invitar a Dios a que te muestre cómo lo que parecía mal, Él puede encaminarlo para bien. No se trata de negar el dolor, sino de permitir que la verdad de Dios tenga la última palabra. Si renuevas tu mente, tu corazón dejará de sangrar y si eliges ver tu proceso con los ojos de Dios, descubrirás que la verdadera prisión no era lo que viviste, sino cómo lo interpretaste. Hoy puedes caminar en libertad, no porque el pasado haya cambiado, sino porque ahora lo estás viendo desde el cielo, con una mente renovada.

Cómo renovar la mente para sanar el corazón

Este proceso no es automático, pero sí transformador. Aquí algunos pasos prácticos que puedes comenzar hoy:

1. **Identifica los pensamientos que te han herido**. Haz una pausa y escribe frases que te hayan marcado negativamente. Reconocerlas es el primer paso para desactivarlas.
2. **Reemplaza la mentira con la verdad**. Busca versículos bíblicos que afirmen lo contrario. Escríbelos, memorízalos y comienza a repetirlos sobre ti mismo.
3. **Decide perdonar, aunque no sientas ganas**. El perdón no nace del corazón, nace de una decisión consciente. Cuando lo haces, tu mente se libera del pasado.
4. **Llena tu mente de gratitud**. La gratitud es una medicina poderosa. Cambia tu enfoque de lo que te hirió a lo que Dios ha hecho y sigue haciendo.
5. **Cambia la historia que te cuentas**. Como José, empieza a ver tu historia como un proceso de redención, no como una cadena de errores. Lo que te pasó no te define; lo que Dios dice de ti, sí.

Verdades que transforman

- Una mente renovada es la puerta a un corazón sano.
- Las palabras que me hirieron no tienen la última palabra.
- El pasado no define mi identidad, la verdad de Dios sí.
- El perdón libera tanto al que da como al que recibe.
- La verdad de Dios tiene poder para resignificar mi historia.

Preguntas para meditar

1. ¿Qué pensamientos están alimentando emociones de dolor o rechazo en mi vida?
2. ¿Qué mentiras he aceptado como parte de mi identidad?
3. ¿Estoy dispuesto a ver mi historia desde la perspectiva de Dios?

Acción del día

Tómate un momento para escribir:

- Tres frases que han marcado negativamente tu corazón.
- Al lado, escribe una verdad bíblica que las contradiga.
- Declaralas en voz alta durante esta semana.
- Si es posible, comparte este ejercicio con alguien de confianza y ora por sanidad emocional juntos.

Declaración de fe

«Hoy permito que la renovación de mi mente sane las heridas de mi corazón. Soy restaurado en Cristo».

Oración del día

«Señor, hoy te entrego cada pensamiento que ha herido mi corazón. Perdono a quienes me han marcado con palabras de dolor y renuncio a seguir repitiéndolas en mi interior. Llena mi mente con tu verdad y sana cada rincón de mi alma. Gracias porque en ti encuentro redención, identidad y libertad. En el nombre de Jesús, amén».

El siguiente día te revelará el poder que tiene la paz de Dios para sostener todo lo que Él ha transformado en ti. Una mente renovada sana el alma, pero necesita un cimiento: la paz de Dios. Mañana hablaremos de esa paz que sostiene.

Día 16

La paz de Dios como guardiana de la mente

La paz de Dios no elimina la tormenta, pero te sostiene en medio de ella. No silencia el caos exterior, pero calma el ruido dentro de ti.

A lo largo de este camino hemos aprendido a renovar nuestros pensamientos, identificar mentiras, sembrar verdad, resistir el temor y perseverar en la transformación interior. Pero ahora surge una necesidad clave: sostener lo que Dios ha empezado a transformar.

La mente renovada no es una mente que deja de ser atacada, sino una mente que ha aprendido a resistir con fundamentos. Y en esa resistencia diaria hay una promesa especial de Dios que nos sostiene: su paz.

La paz de Dios no es solo una emoción placentera. Es una fuerza invisible, una cobertura espiritual que protege tu mente y tu corazón de volver al caos, a la ansiedad, al miedo. Es la manifestación de la presencia de Dios custodiando lo que ya fue restaurado en tu interior.

La verdadera evidencia de una mente renovada no es la ausencia de luchas, sino la presencia de paz en medio de ellas. «Esa paz es fruto del Espíritu» (Gálatas 5:22), no del esfuerzo humano. Nace en lo profundo del espíritu regenerado y se convierte en el escudo que frena los dardos de la ansiedad, la duda y el temor. Cuando Cristo habita en ti, su paz no es un lujo, es una provisión vital. Pues Él no solo prometió paz: se convirtió en nuestra paz (Efesios 2:14). Por eso, la paz no es una emoción que va y viene, sino una persona que permanece.

> *«Y la paz de Dios, que sobrepasa todo entendimiento, guardará vuestros corazones y vuestros pensamientos en Cristo Jesús».*
>
> **Filipenses 4:7**

Cuando esa paz reina no importa lo que pase afuera: la tormenta puede rugir, pero tú puedes permanecer en calma. Esa es la paz que Jesús promete. No como la del mundo, que depende de la estabilidad, sino una paz que brota desde adentro, incluso en medio del caos.

La paz que sostiene lo que Dios ha transformado

Una mente renovada necesita ser cuidada como una semilla que empieza a dar fruto. Dios no solo nos renueva, también nos rodea con una paz que guarda —como un muro invisible— aquello que Él ha plantado.

Esa paz no es pasividad, es una postura activa del alma que decide confiar cuando todo tiembla. Es la certeza de que, aunque las cosas no cambien de inmediato, Dios sigue en control. Jesús lo dijo así: «La paz os dejo, mi paz os doy; yo no os la doy como el mundo la da. No se turbe vuestro corazón, ni tenga miedo» (Juan 14:27).

La paz no es ausencia de problemas, es la evidencia de que su presencia está en medio de ellos. No te desconecta de la realidad, pero sí te conecta con una verdad más profunda: la certeza de que Dios no ha perdido el control ni un solo segundo.

La paz de Dios no es solo una señal de madurez espiritual, es un sistema de defensa del alma. Filipenses 4:7 dice que esa paz «guardará» nuestros corazones y pensamientos. El verbo usado en griego implica una vigilancia activa, como la de un centinela en tiempos de guerra. Es decir, cuando permanecemos en Cristo, su paz no solo consuela, sino que vigila, protege y mantiene firme lo que Él ha restaurado. Esa es la paz que te permite dormir en la tormenta, orar en la angustia y seguir creyendo cuando todo alrededor dice que no.

Cuando la paz gobierna el caos no tiene poder

La paz de Dios se convierte en el filtro a través del cual interpretamos las circunstancias. Cuando esa paz gobierna:

- **El miedo no paraliza**, porque sabemos que no estamos solos.
- **La ansiedad no toma decisiones**, porque nuestra confianza está en Aquel que todo lo ve.
- **La reacción da paso a la sabiduría**, porque ya no vivimos a la defensiva, sino con dirección.

Paz no significa que todo esté en calma. Significa que tú puedes mantener la calma porque sabes quién habita en ti. «Tú guardarás en completa paz a aquel cuyo pensamiento en ti persevera; porque en ti ha confiado» (Isaías 26:3).

«Por nada estéis afanosos [...] *Y la paz de Dios* [...] *guardará vuestros corazones y pensamientos...».*

Filipenses 4:6-7

Ejemplo bíblico: Jesús en la tormenta

En Marcos 4:35-41 Jesús está en una barca con sus discípulos cuando una tormenta repentina amenaza con hundirlos. Los discípulos entran en pánico, pero Jesús... duerme.

Mientras todo parece fuera de control, Jesús descansa. Su mente y su corazón no están gobernados por el miedo, sino por la paz. Cuando lo despiertan no solo calma el viento; primero confronta el temor: «¿Por qué tenéis tanto miedo? ¿Aún no tenéis fe?».

Esta historia no solo nos habla de una tormenta externa, sino de las tormentas internas que cada uno enfrenta. Jesús no reaccionó como los demás porque su mente estaba gobernada por el Reino, no por el ruido. Su paz no evitó la tormenta, pero sí transformó su atmósfera.

Jesús durmió no porque ignorara el peligro, sino porque habitaba en una dimensión más alta: la del Reino, donde la tormenta no tiene la última palabra. Su descanso no era pasividad; era confianza absoluta y esa es la invitación para nosotros hoy: que en medio de nuestras tormentas internas —ansiedad, pensamientos desordenados, presión emocional— aprendamos a reposar en la verdad de que Él está en la barca. Su paz es una autoridad que transforma atmósferas y cuando gobierna nuestra mente, el miedo pierde su trono. No estás llamado a reaccionar como los demás, sino a vivir como Él, con paz en el corazón, incluso cuando el viento sigue golpeando.

Cómo permitir que la paz de Dios gobierne tu mente

La paz no es automática, requiere que aprendamos a ceder el control con intención. Permitir que la paz de Dios reine sobre tus pensamientos es una práctica espiritual diaria. No es automático, pero sí accesible para todo aquel que decide confiar. Aquí algunas claves para cultivar esa paz:

1. **Suelta el control.** Muchas veces el caos interno comienza cuando intentamos manejar lo que no podemos. La paz nace cuando rendimos el control a Dios. «Echad toda vuestra ansiedad sobre Él, porque Él tiene cuidado de vosotros» (1 Pedro 5:7).
2. **Llena tu mente con la verdad.** El miedo se alimenta del vacío. Llena tu mente con promesas, no con suposiciones. «Todo lo verdadero... en esto pensad» (Filipenses 4:8).
3. **Fortalece tu confianza a través de la oración.** La oración no siempre cambia las circunstancias, pero siempre cambia nuestra postura interna. «Busqué al Señor, y Él me oyó, y me libró de todos mis temores» (Salmos 34:4).

Verdades que transforman

- La paz de Dios es una promesa y una protección para mi mente.
- No necesito controlar todo para estar tranquilo, necesito confiar en Dios.

- Una mente renovada necesita una atmósfera de paz para mantenerse firme.
- La oración y la rendición son llaves que abren la puerta a la paz verdadera.
- Puedo vivir en paz, incluso cuando todo a mi alrededor parece incierto.

Preguntas para meditar

1. ¿Qué pensamientos están compitiendo con la paz de Dios en mi vida?
2. ¿Estoy realmente soltando el control o sigo cargando lo que ya entregué?
3. ¿Cómo puedo cultivar un ambiente de paz en mi interior y a mi alrededor?

Acción del día

Haz este ejercicio simple pero profundo:

- Toma una hoja y escribe todo aquello que hoy te preocupa o inquieta.
- Léelo en voz alta como una oración: «Señor, te entrego esto porque tú tienes cuidado de mí».
- Rasga esa hoja, guárdala en tu biblia o deséchala como símbolo de que ya no lo cargas tú.

Durante el día, si esos pensamientos regresan, recuérdate: «Ya lo entregué. Dios está en control».

Declaración de fe

«Hoy abrazo la paz que sobrepasa todo entendimiento. Mi mente está guardada por la paz de Dios».

Oración del día

«Señor, gracias por regalarme una paz que no depende de lo que ocurre afuera. Hoy elijo descansar en ti, rendir mis cargas, confiar en tus promesas y dejar que tu paz guarde mi mente. Enséñame a callar el ruido para oír tu voz. tú eres mi refugio, mi escudo, mi paz. En el nombre de Jesús, amén».

Con esta paz como ancla, mañana iniciaremos un nuevo momento: restaurarás tu identidad desde la verdad que Dios ya ha dicho sobre ti.

Reflexión final: reconociendo la batalla

Estos primeros días marcaron un despertar: la verdadera batalla no está fuera, sino en la mente. Reconocerla no es rendirse, es el primer acto de victoria.

Aprendiste que tus pensamientos no son neutros: siembran futuro. Que no estás solo y que el Espíritu de Dios te capacita para discernir, confrontar y comenzar a transformar tu manera de pensar.

Ahora sabes que una mente rendida a la verdad es una vida en camino a la libertad. Y lo mejor es que apenas estás comenzando.

MOMENTO 2

RENOVANDO LA MENTE

«Un vencedor no solo identifica sus pensamientos, los transforma. Decide qué voz permite en su interior y planta intencionalmente la verdad de Dios como fundamento de su vida. Vive una renovación consciente, profunda y sostenida».

Has comenzado a ver con claridad las batallas internas que antes pasaban desapercibidas. Ahora, es momento de transformar la tierra descubierta. Este segundo tramo del viaje no se trata de lucha, sino de siembra. Aquí aprenderás a reemplazar pensamientos de derrota con verdades que liberan, a formar hábitos mentales que te sostengan y a cultivar una fe inquebrantable. Renovar la mente es una obra del Espíritu, pero también una decisión diaria. Cada día y cada pensamiento, son semillas. Y lo que siembres con intención, Dios lo hará florecer.

*TU MENTE NO ES
UNA PRISIÓN; ES UN
CAMPO FÉRTIL. LO
QUE SIEMBRES HOY, LO
VIVIRÁS MAÑANA.*

Día 17

Perseverar en la transformación durante la prueba

Toda transformación verdadera será puesta a prueba. Pero si perseveras, no solo resistes, sino que te afirmas.

En este punto del camino, ya has aprendido a renovar tu mente, a confrontar mentiras, a sembrar verdades y a guardar tu corazón en la paz de Dios. Has sembrado convicciones nuevas, hábitos distintos y pensamientos que antes no te atrevías a creer. Pero hay algo inevitable que todo proceso auténtico enfrentará: la prueba.

Las pruebas no vienen para arruinar tu transformación, sino para revelar su profundidad. Son el escenario donde se prueba si lo que creíste puede sostenerte, si lo que sembraste ha echado raíces. Son como vientos que sacuden la tierra: no destruyen lo que está bien plantado, lo afirman.

En esos días donde todo parece más difícil —donde te preguntas si has avanzado o si solo estás repitiendo ciclos— es cuando la fe debe hablar más fuerte que la duda. Es ahí cuando la renovación deja de ser una inspiración y se convierte en una decisión. Tal vez en tu mente han resonado preguntas como:

- ¿Vale la pena seguir luchando?
- ¿Por qué Dios permite esto?
- ¿Estoy realmente avanzando?

Estas preguntas no son señal de debilidad, sino evidencia de que estás en el campo de batalla correcto. El enemigo intentará usarlas para hacerte retroceder. Pero Dios las permite para afirmarte. No para quebrarte, sino para que desarrolles resistencia con una mentalidad renovada que no se rinde fácilmente.

> *«Hermanos míos, tened por sumo gozo cuando os halléis en diversas pruebas, sabiendo que la prueba de vuestra fe produce paciencia».*
>
> **Santiago 1:2-3**

Pensar como un vencedor no es repetir frases positivas. Es perseverar en la verdad cuando todo en ti quiere regresar a lo de antes. Es aferrarte a lo que Dios dijo, aun cuando el entorno grite lo contrario. Es decir: «No voy a soltar lo que he recibido, aunque hoy no lo vea florecer».

Dios no desperdicia ninguna prueba. Todo lo que Él permite pasa primero por el filtro de su amor eterno y su sabiduría perfecta. La Escritura dice que «el fuego prueba la plata y el horno el oro, pero Jehová prueba los corazones» (Proverbios 17:3). Es en ese fuego donde el carácter se purifica, la fe se fortalece y la mente se afirma. A diferencia del enemigo, que busca quebrarte, Dios usa la prueba para consolidarte. Su propósito no es que abandones el proceso, sino que salgas más firme, más limpio y más convencido de que lo que Él comenzó, lo terminará. Esa es la confianza que sostiene al vencedor: saber que el que está siendo probado también está siendo perfeccionado.

Las pruebas son parte del proceso de transformación

Una mente renovada no se fortalece solo con información, sino con resistencia. Las dificultades no son un signo de retroceso, sino parte de la forja espiritual que Dios permite para afirmar lo que ha empezado en ti.

1. **Las pruebas revelan lo que realmente creemos.** Es en el dolor donde se expone si estamos arraigados en promesas o en emociones pasajeras. «Los que confían en Jehová son como el monte de Sion, que no se mueve...» (Salmos 125:1).
2. **Las dificultades fortalecen nuestra resistencia espiritual.** Cada vez que eliges confiar en medio del caos, tu mente se hace más sólida. «Esta leve tribulación momentánea produce en nosotros un eterno peso de gloria» (2 Corintios 4:17).
3. **Las adversidades nos acercan más a Dios.** A veces, cuando todo alrededor se sacude, es cuando más cerca estamos de escuchar su voz. «Claman los justos, y Jehová oye» (Salmos 34:17).

En resumen, la prueba no debilita tu mente renovada, la entrena.

Ejemplo bíblico: Ana, una mente que perseveró en medio del quebranto

Ana era la esposa de Elcana, un hombre que tenía dos mujeres: Penina y Ana. Mientras Penina tenía hijos, Ana no. Cada año, cuando subían al templo a adorar, Penina aprovechaba la ocasión para humillarla, provocarla y recordarle —una y otra vez— lo que le faltaba. A pesar del amor de su esposo, Ana llevaba un dolor profundo: el anhelo de ser madre, el peso del rechazo cultural y la aparente indiferencia de Dios. Pero ella no se encerró en la amargura. Fue al templo y derramó su alma delante del Señor con una oración silenciosa, intensa y llena de lágrimas. No pidió explicaciones, pidió gracia y lo más impactante de esa historia no fue el milagro que vendría después, sino lo que sucedió en ella antes: dice la Escritura que, tras orar, «se fue por su camino, comió y no estuvo más triste» (1 Samuel 1:18). Nada en lo externo había cambiado todavía, pero por dentro, Ana ya era otra. Esa es la esencia de una mente renovada: no espera ver para creer; cree para poder seguir. Perseverar no es reprimir el dolor, es entregarlo hasta que Dios lo transforme. La historia de Ana nos muestra que incluso en los procesos más largos y desgastantes, podemos levantarnos con paz, seguir adelante con esperanza y caminar con la convicción de que Dios ya empezó a obrar, aunque aún no lo veamos.

Cómo perseverar en la renovación en tiempos difíciles

Renovar la mente en medio de la tormenta no es fácil, pero es posible. No se trata de negar lo que duele, sino de afirmar lo que Dios ha dicho.

1. **Recuerda que la prueba tiene un propósito**. No estás siendo destruido; estás siendo formado. «La prueba de vuestra fe produce paciencia» (Santiago 1:3).

2. **Cambia tu enfoque: de la prueba a la promesa**. Lo que contemplas, crece. Mira más la fidelidad de Dios que el tamaño de tu dificultad. «Cuando soy débil, entonces soy fuerte» (2 Corintios 12:10).
3. **Rodéate de fe, no de queja**. Busca voces que te edifiquen, no que alimenten tu cansancio. «Ayúdense unos a otros» (Gálatas 6:2).
4. **Llena tu mente con la Palabra, no con suposiciones**. No imagines escenarios. Afírmate en las promesas. «Renovaos en el espíritu de vuestra mente» (Efesios 4:23).
5. **Decide avanzar, aunque no veas resultados inmediatos**. La perseverancia no es emoción, es decisión. «No nos cansemos de hacer el bien» (Gálatas 6:9).

Verdades que transforman

- Las pruebas no debilitan mi transformación, la profundizan.
- Perseverar también es pensar como vencedor.
- Lo que enfrento no define lo que Dios está haciendo en mí.
- Mi fe crece cuando sigo creyendo, aunque no lo vea.
- Dios está conmigo, incluso cuando la prueba no termina pronto.

Preguntas para meditar

1. ¿Cómo reacciono normalmente ante la prueba: me freno o persevero?

2. ¿Qué parte de mi mente renovada ha sido más desafiada últimamente?
3. ¿Qué promesa de Dios necesito recordar hoy para no rendirme?

Acción del día

Haz una pausa. Escribe en tu diario tres pruebas recientes. Junto a cada una escribe lo que Dios ha formado en ti a través de ellas (paciencia, fe, humildad, dependencia). Termina con una oración escrita donde declares tu decisión de perseverar en lo sembrado, aunque no veas resultados aún.

Declaración de fe

«Hoy decido perseverar en medio de la prueba. Dios está perfeccionando su obra en mí».

Oración del día

«Señor, gracias por no rendirte conmigo en medio de la prueba. Aunque hay momentos en los que dudo, me afirmo hoy en lo que sé: tú estás conmigo, y estás usando cada dificultad para formar algo en mi interior. Renueva mi mente. Fortalece mi fe. Y ayúdame a caminar con la certeza de que la prueba tiene propósito. En el nombre de Jesús, amén».

Mañana exploraremos cómo muchas heridas internas afectan la manera en que nos vemos a nosotros mismos... y cómo Dios quiere restaurar esa imagen desde la raíz.

Día 18

Relaciones que edifican nuestra mente

No puedes cuidar tu mente si ignoras quién la está influenciando.

Renovar la mente es mucho más que una experiencia interior. Es también un acto consciente de proteger el entorno que alimenta esa renovación. Puedes sembrar verdades, memorizar promesas, orar cada día, pero si te rodeas de voces que contradicen lo que Dios dice de ti, esa transformación será constantemente debilitada.

Las relaciones no son un detalle opcional en el proceso de renovación. Son un pilar. Cada persona que habla a tu vida tiene el poder de confirmar lo que Dios está haciendo… o de sembrar dudas sobre lo que ya recibiste.

La Escritura es clara al mostrarnos que nuestras relaciones tienen un impacto espiritual profundo. Hebreos 10:24-25 nos exhorta: «Considerémonos unos a otros para estimularnos al amor y a las buenas obras, no dejando de congregarnos...». Esto no es solo un llamado a reunirnos, sino a crear vínculos que nos levanten, nos animen y nos ayuden a perseverar. Del mismo modo, 1 Corintios 15:33 advierte: «Las malas conversaciones corrompen las buenas costumbres». Es decir, el entorno que permitimos cerca puede acelerar nuestro crecimiento o sabotear nuestra renovación. No todo lo que es cercano es sano y no todo lo que es común es correcto. Discernir eso es parte de madurar espiritualmente.

La Biblia lo dice con claridad: «El que anda con sabios, sabio será; mas el que se junta con necios será quebrantado» (Proverbios 13:20). No se trata solo de moralidad, sino de destino. Las personas con las que caminamos moldean nuestra forma de pensar y lo que pensamos determina hacia dónde vamos. Dios siempre ha usado relaciones para formar, afirmar o redirigir a sus hijos: usó a Jonatán para fortalecer el corazón de David, a Rut para acompañar la restauración de Noemí, y a Pablo para afirmar la fe de Timoteo. Una mente renovada no crece en aislamiento, sino en ambientes donde la fe, la verdad y la identidad se alimentan mutuamente. Si Dios quiere transformar tu mente, también quiere purificar tus vínculos.

> *«El que anda con sabios, sabio será; mas el que se junta con necios será quebrantado».*
>
> **Proverbios 13:20**

Una mente renovada necesita una comunidad que la afirme, no que la cuestione. Porque mientras tus pensamientos están siendo transformados, tu entorno también debe alinear su tono, su propósito y su influencia con ese proceso.

La historia de dos águilas

Dos águilas nacieron en la misma montaña. Ambas tenían alas fuertes, ojos agudos y un diseño perfecto para volar. Pero vivieron vidas muy distintas.

La primera fue criada entre otras águilas. Desde joven aprendió a usar el viento a su favor, a lanzarse desde lo alto sin miedo y a confiar en que había sido creada para las alturas. Cada día, las demás águilas la animaban a superar sus temores y extender sus alas con valentía.

La segunda, en cambio, fue separada de su nido y terminó creciendo en una granja entre gallinas. Nunca vio a nadie elevarse. Caminaba, picoteaba el suelo, y cuando sentía una fuerza interior que la empujaba hacia arriba alguien le decía: «Tú no estás hecha para volar».

Pasaron los años, y un día, ambas se encontraron.

—¿Por qué no vuelas? —le preguntó la primera.

—¿Volar? —dijo la otra bajando la mirada—. Nadie aquí lo hace. Y a mí me dijeron que no soy capaz.

Esa historia revela una verdad profunda: nacemos para volar, pero si vivimos entre voces que solo caminan, terminamos creyendo que no tenemos alas.

Tu entorno no determina tu diseño, pero sí puede limitar tu percepción. Y, cuando tu percepción se distorsiona, tus decisiones también lo hacen. Tu identidad también se moldea en comunidad. Dios no te llamó a construir tu nueva mentalidad en soledad, sino a hacerlo a través de relaciones que afirmen quién eres en Cristo. Cuando te rodeas de quienes te recuerdan tu valor espiritual, también estás defendiendo tu identidad como hijo de Dios.

El poder de las relaciones en tu renovación mental

No podemos subestimar el impacto que tienen nuestras relaciones en la manera como pensamos, sentimos y decidimos. Las personas más cercanas no solo influyen en nuestra conducta, sino también en nuestra narrativa interna.

1. **Moldean tu forma de pensar.** Lo que otros repiten sobre ti puede convertirse en lo que tú repites internamente.
2. **Refuerzan o debilitan tu fe.** Las palabras constantes se convierten en el clima espiritual que te rodea.
3. **Impactan tus decisiones.** Las personas a las que escuchas con frecuencia terminan teniendo más peso del que imaginas.
4. **Definen tu crecimiento.** Tu avance se acelera cuando estás con quienes también están creciendo. Pero se frena cuando tu entorno no acompaña tu transformación.

Por eso, renovar la mente también implica renovar el acceso que damos a ciertas voces. No se trata de rechazar a las personas, sino de discernir qué influencia está alineada con la obra que Dios está haciendo en ti y cuál no.

Ejemplo bíblico: Jesús y sus discípulos

Jesús fue intencional al formar su círculo. No solo caminó con multitudes, también eligió a quiénes lo acompañarían en su recorrido más cercano. A esos doce los discipuló, los enseñó y los corrigió con amor.

En Lucas 22:31-32 vemos un momento crucial. Jesús le dice a Pedro: «...Satanás os ha pedido para zarandearos como a trigo; pero yo he rogado por ti, que tu fe no falte; y tú, una vez vuelto, confirma a tus hermanos».

Jesús no solo profetiza restauración, sino que establece propósito: cuando seas restaurado, fortalece a otros. Este es el poder de una comunidad de fe: no caminas solo y, cuando caes, te levantan.

Jesús sabía que Pedro fallaría, pero no lo descartó. Lo sostuvo en oración, lo miró con propósito y le recordó que su restauración no era el final, sino el inicio de una misión mayor: confirmar a otros. Esa es la diferencia entre un vínculo del Reino y una relación común. En el Reino no se te aísla por tus caídas, sino que se te levanta para que levantes a otros. Jesús formó un círculo donde el amor cubría, la verdad edificaba y el propósito no se perdía. Y ese sigue siendo el diseño de Dios para ti: rodearte de personas que te restauren cuando flaqueas, te afirmen cuando dudas y te devuelvan la mirada a Cristo cuando pierdes el rumbo. Porque la renovación de tu mente no se sostiene solo con fuerza interior, sino también con relaciones espirituales que te recuerdan que todavía estás llamado, incluso después de haber caído.

Cómo identificar y cultivar relaciones que edifiquen tu mente

Renovar tu entorno relacional es parte de renovar tu mente. Si cuidas lo que piensas también cuida quién lo alimenta.

No todas las personas que te rodean hoy fueron diseñadas para acompañar tu nuevo proceso. Algunas relaciones son estaciones, no destinos. Aquí te comparto una guía práctica para discernir, fortalecer y alinear tus vínculos con el proceso que estás viviendo:

1. **Evalúa tus conexiones actuales**. ¿Te animan a crecer? ¿O te arrastran al pasado que ya estás dejando?
2. **Rodéate de personas que eleven tu fe**. Las relaciones sanas te impulsan, te confrontan con amor y te recuerdan la verdad cuando la olvidas.
3. **Sé intencional en tus relaciones**. No esperes relaciones profundas sin compromiso, tiempo y presencia.
4. **Establece límites con respeto**. Algunos vínculos no tienen que terminar, pero sí cambiar de lugar en tu corazón.
5. **Conviértete en una relación edificante para otros**. Habla con fe, comparte tu testimonio y sé una voz de esperanza para quienes también están renovando su mente.

Las relaciones que edifiques hoy influirán directamente en la solidez de tu mentalidad mañana.

Verdades que transforman

- Las personas que me rodean influyen directamente en la manera como pienso.
- Una mente renovada necesita relaciones que confirmen lo que Dios está sembrando.
- No todo vínculo es sano para esta etapa de mi vida, y está bien establecer límites.
- Jesús caminó en comunidad y yo también necesito relaciones que fortalezcan mi fe.
- También puedo ser una voz de renovación para otros: soy llamado a edificar, no solo a recibir.

Preguntas para meditar

1. ¿Qué tipo de influencia ejercen las personas con las que más comparto tiempo?
2. ¿Qué conversaciones me edifican y cuáles me hacen retroceder?
3. ¿Qué relación necesito fortalecer intencionalmente en esta etapa?
4. ¿Estoy siendo una persona que edifica la mente de otros o solo absorbo de ellos?
5. ¿Cómo puedo crear hoy un entorno más saludable para mi crecimiento espiritual?

Acción del día

Haz una lista de las cinco personas con las que más compartes tiempo y conversación. Reflexiona: ¿qué tipo de influencia ejercen sobre ti? ¿Refuerzan tu fe o la debilitan? Ora por cada una. Hoy, toma una decisión:

- Acércate con intención a una relación que fortalezca tu proceso.
- Haz una pausa o establece límites si una relación está drenando tu renovación.
- Comparte con alguien un versículo, una enseñanza o un acto de amor que le ayude a crecer.

Declaración de fe

«Hoy elijo rodearme de personas que fortalezcan mi fe y propósito en Cristo».

Oración del día

«Señor, gracias por enseñarme que no fui creado para caminar solo. Dame discernimiento para fortalecer las relaciones que edifican mi mente y sabiduría para soltar con gracia lo que ya no suma. Hazme un canal de afirmación, fe y verdad para cada vínculo que construyo. Que mis relaciones reflejen tu amor y sostengan mi transformación, amén».

Mañana hablaremos sobre cómo sanar las heridas emocionales que distorsionan nuestra percepción y aprenderemos a vernos como Dios nos ve.

Día 19

Celebrando cada avance en el proceso de transformación

Cada paso que das en dirección a la verdad es una victoria que el cielo celebra.

En un mundo que aplaude los resultados visibles y celebra solo los grandes logros, es fácil olvidar el valor del proceso. Queremos ver cambios rápidos y notorios. Queremos dejar atrás patrones de pensamiento negativos con la misma rapidez con la que damos clic en una pantalla. Pero la transformación verdadera no ocurre de un día para otro. Es una obra paciente, profunda, diaria.

En esa obra, cada avance cuenta: cada vez que eliges perdonar cuando antes te negabas a hacerlo, cada vez que oras en lugar de quejarte y cada vez que te levantas un día más para seguir sembrando verdad en tu mente. Todo eso es una victoria y merece ser celebrado.

El enemigo intentará hacerte sentir que no estás avanzando lo suficiente, que «a estas alturas ya deberías haber cambiado más». Pero Dios no mide tu proceso con una vara de perfección, sino con una mirada de amor. Él conoce tu punto de partida. Él ve el esfuerzo invisible. Él celebra cada paso.

Por eso, parte de renovar tu mente también implica renovar tu perspectiva sobre el progreso. No te compares. No subestimes lo que parece pequeño. Dios no lo hace. Cada avance, por pequeño que parezca, es una afirmación de tu nueva identidad.

La Palabra de Dios nos muestra que Él celebra no solo los finales, sino también los comienzos fieles. Zacarías 4:10 dice: «¿Quién ha menospreciado el día de las pequeñeces?». Porque lo que para el hombre parece insignificante, para Dios es semilla de gloria. Jesús mismo enseñó que hay fiesta en el cielo por un solo pecador que se arrepiente (Lucas 15:7), no cuando ya está perfecto, sino cuando da el primer paso hacia el Padre. Así es como Dios ve tu proceso: cada paso, cada lucha vencida en lo secreto, cada pensamiento alineado con la verdad, es motivo de gozo en el cielo. No caminas para alcanzar el amor de Dios; caminas porque ya eres amado y el cielo celebra contigo, paso a paso, hasta que Cristo sea plenamente formado en ti.

«El que comenzó en vosotros la buena obra, la perfeccionará hasta el día de Jesucristo».

Filipenses 1:6

Dios nos llama a celebrar el proceso

Desde el principio, Dios instituyó celebraciones como recordatorios vivos de su fidelidad. Cuando Israel cruzó el Jordán, Josué ordenó levantar doce piedras como memorial para que las futuras generaciones preguntaran: «¿Qué significan estas piedras?» (Josué 4:6). Era una forma de afirmar que Dios había estado con ellos paso a paso. También estableció fiestas como la Pascua, no solo para recordar la salida de Egipto, sino para enseñarles a honrar cada etapa del camino. Estas celebraciones no eran nostalgia religiosa, sino herramientas para cultivar memoria espiritual, gratitud y fe. Cada altar, cada fiesta, cada canto de victoria tenía el propósito de que su pueblo nunca olvidara que el proceso era tan sagrado como el milagro final.

En la Biblia Dios establece fiestas, altares, memoriales. No porque Él necesitara recordatorios, sino porque nosotros sí. Celebrar es una forma de afirmar lo que Él está haciendo.

- **Celebrar fortalece tu fe**. Te recuerda que Dios sigue obrando, aunque aún no veas el resultado completo.
- **Celebrar mantiene tu enfoque en el progreso, no en la falta**. Te ayuda a valorar lo que ya ha cambiado en ti.
- **Celebrar cultiva una actitud de gratitud**. Evita que caigas en queja, frustración o comparación.

Cuando reconoces cada avance como una evidencia de la fidelidad de Dios, tu mente se llena de esperanza y tu corazón, de gozo.

Ejemplo bíblico: Nehemías y la celebración tras la reconstrucción

La historia de Nehemías es mucho más que una hazaña arquitectónica. Es un reflejo del corazón de alguien que aprendió a valorar el proceso tanto como el resultado final.

Dios lo llamó a una misión difícil: reconstruir los muros de Jerusalén. Empezó con carga, oración, estrategia, pero también enfrentó oposición, desánimo, burlas y traición. Todo intento de avance era atacado. Pero Nehemías no se detuvo. Avanzó paso a paso, con una mano trabajando y la otra defendiendo.

Finalmente, cuando terminaron el muro no se enfocaron en lo que aún faltaba por hacer. Celebraron lo que Dios ya había hecho: «Se regocijaron, porque Dios los había recreado con grande contentamiento... el alborozo de Jerusalén fue oído desde lejos» (Nehemías 12:43).

Esa celebración no fue superficial, fue espiritual. Era el reconocimiento público de que Dios los había sostenido en medio del desgaste. Que habían avanzado no por fuerza propia, sino por gracia divina. Y esa alegría fue tan intensa que se escuchó desde lejos.

A veces nosotros terminamos un proceso o superamos una etapa y, en lugar de celebrar, empezamos a exigirnos más. Nehemías nos enseña lo contrario: cuando Dios permite un avance, celébralo. Agradece. Haz fiesta. Dale gloria.

Cómo aprender a celebrar la renovación de tu mente

Celebrar también es parte del entrenamiento mental. No lo hacemos solo cuando «ya estamos bien», sino precisamente para sostenernos en medio del proceso. Reconocer lo que Dios ya ha hecho te fortalece para lo que aún falta por conquistar. Aquí tienes algunas formas de cultivar esta actitud poderosa:

1. **Reconoce tu progreso, aunque parezca pequeño**. El avance que menosprecias hoy puede ser lo que te sostenga mañana.
2. **Lleva un diario de transformación**. Anota cambios en tu forma de pensar, sentir o reaccionar. Míralo como un testimonio vivo.

3. **Comparte tu avance con alguien más**. Cuando testificas, no solo refuerzas tu fe, sino que también animas a otros.
4. **Crea espacios de gratitud**. Una oración, una canción, una conversación puede convertirse en tu altar de celebración.
5. **Evita compararte**. Tu avance es valioso, aunque no se parezca al de otros. Dios trabaja en ti de forma única.

«Alégrense siempre en el Señor. Insisto: ¡Alégrense!».
Filipenses 4:4

Verdades que transforman

- La transformación verdadera ocurre paso a paso, no de golpe.
- Cada victoria interna, por pequeña que parezca, es una celebración para el cielo.
- Dios no se enfoca solo en lo que falta, también afirma lo que ya ha sanado.
- Valorar el proceso protege mi fe de la frustración y la comparación.
- Celebrar me recuerda que no camino solo: Dios está conmigo en cada etapa.

Preguntas para meditar

1. ¿Qué avance reciente no he reconocido, pero Dios sí?
2. ¿Estoy enfocándome más en lo que falta que en lo que ya ha cambiado?
3. ¿De qué forma puedo empezar a agradecer más por el proceso, no solo por el resultado?
4. ¿Estoy celebrando mis pasos con gozo o esperando la perfección para valorar lo que ya tengo?

Acción del día

Haz un ejercicio de celebración personal:

1. Escribe tres cosas en las que has avanzado en tu proceso de renovación mental.
2. Agradece a Dios por cada una.
3. Elige una forma concreta de celebrarlo hoy: puede ser una oración, una llamada, una canción, una comida especial, o simplemente compartir tu gratitud con alguien. Y repítelo cada semana: porque cada paso es parte de la victoria.

Declaración de fe

«Hoy celebro cada avance que Dios está produciendo en mí. Mi transformación continúa».

Oración del día

«Señor, gracias porque estás obrando en mí de formas que a veces no veo, pero sí se sienten. Abre mis ojos para reconocer lo que ya transformaste. Enséñame a celebrar cada paso sin compararme ni apurarme. Hazme consciente de que tu fidelidad se manifiesta también en el proceso. Hoy celebro mi avance contigo. Amén».

En el próximo día aprenderemos a cuidar lo que Dios ya ha transformado, para que nuestras victorias no se desvanezcan con el tiempo.

Día 20

Alineando nuestra mente con la mente de Dios

No basta con pensar mejor. Hay que aprender a pensar como Dios.

¿Cuántas veces te has dado cuenta de que tus pensamientos te llevan por caminos que Dios nunca trazó para ti? Una preocupación aparentemente inocente termina en ansiedad. Una suposición mal interpretada desencadena enojo. Un comentario negativo se queda dándole vueltas a tu mente hasta que te sientes sin valor. Y, sin darte, cuenta vives tu día reaccionando desde pensamientos que no vienen de Dios, sino de tus heridas, tus temores o tu vieja forma de pensar.

La mente es el primer campo donde se gana o se pierde la batalla espiritual. Y el enemigo lo sabe. Por eso no necesita cambiar tus circunstancias: le basta con alterar tu percepción. Si logra que pienses como él quiere, no necesitará atarte con cadenas físicas: tu mente hará el trabajo por él.

Pensar como Dios no es solo una aspiración idealista. Es una necesidad urgente. Porque mientras tus pensamientos sigan girando en torno a tus emociones, tus traumas o tus razonamientos limitados, seguirás viviendo por debajo del diseño que Dios tiene para ti.

La Escritura lo afirma con claridad: «Así como son más altos los cielos que la tierra, así son mis caminos más altos que vuestros caminos y mis pensamientos más que vuestros pensamientos» (Isaías 55:9). Esto no es una barrera, es una invitación. Dios no nos confronta para humillarnos, sino para elevarnos. Nos muestra la distancia entre su pensamiento y el nuestro, no para descalificarnos, sino para atraernos a su nivel. Por eso, renovar la mente no es solo cambiar ideas humanas, es permitir que su voz reemplace los ecos del pasado. No estás solo intentando pensar mejor, estás siendo llamado a pensar desde lo alto, desde el Espíritu, desde Cristo en ti. Esa es la mente que vence.

Pero aquí está la buena noticia: no estás condenado a pensar como siempre has pensado. Puedes alinear tu mente con la de Dios.

Cuando decides someter tus pensamientos a la Palabra, cuando eliges creer lo que Dios dice por encima de lo que sientes o temes, empiezas a experimentar una transformación real. No es inmediata, pero sí progresiva y poderosa. Porque cada pensamiento alineado con la verdad es un ladrillo más en la construcción de una mente libre, madura y llena de propósito.

«Por lo demás, hermanos, todo lo que es verdadero, todo lo honesto, todo lo justo, todo lo puro, todo lo amable, todo lo que es de buen nombre; si hay virtud alguna, si algo digno de alabanza, en esto pensad».

Filipenses 4:8

Alinear tu mente con la de Dios es mucho más que cambiar tu forma de pensar: es recordar quién eres en Él. No se trata solo de ver el mundo como Dios lo ve, sino de verte como Él te ve: escogido, renovado, llamado a manifestar su voluntad.

El impacto de pensar como Dios piensa

Cuando adoptamos la perspectiva del cielo, nuestra vida comienza a reflejar una transformación integral. Esta renovación se manifiesta en al menos tres áreas fundamentales:

1. Espiritual: creciendo en la fe

—Dejas de vivir dominado por la preocupación y aprendes a confiar.

—Tu identidad deja de depender del mundo y se ancla en Cristo.

«Porque mis pensamientos no son vuestros pensamientos…».

Isaías 55:8

2. Emocional: experimentando verdadera paz

—Reemplazas la ansiedad con descanso en la soberanía de Dios.

—Tu bienestar interior ya no depende de lo que ocurre fuera.

«Tú guardarás en completa paz al que en ti persevera...».

Isaías 26:3

3. Personal: tomando decisiones sabias

—Tus elecciones reflejan el carácter de Cristo.

—Empiezas a actuar desde propósito, no desde reacción.

«Confía en Jehová [...] *no te apoyes en tu propia prudencia».*

Proverbios 3:5

Pensar como Dios piensa no es solo teología, es transformación práctica. Afecta cómo oras, cómo enfrentas tus luchas y cómo ves a los demás.

Ejemplo bíblico: Jesús y la mentalidad del Reino

En Getsemaní, Jesús vivió uno de los momentos más intensos de tensión interior. Sabía lo que venía: traición, tortura, cruz. Como hombre podía haber huido. Como Hijo de Dios podía haber evitado el dolor, pero lo que hizo fue revelador: «Padre, si quieres, pasa de mí esta copa; pero no se haga mi voluntad, sino la tuya» (Lucas 22:42).

En esa oración Jesús no solo expresó su humanidad, también manifestó una mente completamente alineada con el Padre. No eligió lo cómodo. Eligió lo eterno.

No fue una mente que buscó escapar, sino una mente rendida al propósito. Esa es la verdadera transformación: cuando nuestras decisiones no se guían por el temor o el deseo de control, sino por la convicción de glorificar a Dios.

Esa noche en Getsemaní no fue solo el preámbulo del sacrificio, sino que fue la cumbre de una mente renovada. Jesús no decidió desde el miedo, sino desde la misión. En medio de una angustia tan intensa que sudó gotas de sangre, su pensamiento se mantuvo anclado en la voluntad del Padre. Esa firmeza mental no fue improvisada: fue el fruto de años de caminar en intimidad, obediencia y verdad. Y es esa mente —la mente de Cristo— la que ahora vive en ti.

Cuando tu alma quiera retroceder, cuando tus emociones griten que tomes otro camino, recuerda este momento: la victoria no comenzó en la cruz, comenzó en la mente. Y si Jesús venció rindiendo sus pensamientos, tú también puedes. Alinearte con la voluntad de Dios no te quita libertad: te libra del caos de pensar como el mundo. El Espíritu Santo te está formando para pensar con claridad, decidir con sabiduría y avanzar con obediencia, incluso cuando no todo tenga sentido. Allí, en esa entrega, es donde más te pareces a Jesús.

Cómo alinear nuestra mente con la de Dios

No se trata solo de pensar positivo. Se trata de pensar desde la verdad eterna.

Aquí tienes cinco prácticas concretas para entrenar tu mente en la perspectiva de Dios:

1. **Llena tu mente con su Palabra**. Lo que consumes forma lo que crees. Haz de la Biblia tu alimento diario. «Medita en ella de día y de noche» (Josué 1:8).

2. **Filtra lo que piensas**. Cada pensamiento necesita pasar por un filtro: ¿esto viene de Dios o del temor? Si no edifica, no se queda.
3. **Ora pidiendo una mente transformada**. El Espíritu Santo no solo consuela, también renueva tu sistema de pensamiento. «Renovaos en el espíritu de vuestra mente» (Efesios 4:23).
4. **Rodéate de contenido que te alinee con el cielo**. Música, predicaciones, conversaciones, devocionales. Todo suma o resta. Recuerda: en nuestro canal tenemos contenido que te ayudará en ese proceso, el *podcast Cree y Confía* está disponible cada mañana para ayudarte, al igual que mi devocional diario.
5. **Actúa conforme a la verdad.** La renovación no se queda en la cabeza: se vive. «Sed hacedores de la Palabra» (Santiago 1:22).

Verdades que transforman

- No puedo renovar mi mente si insisto en pensar a mi manera.
- Pensar como Dios piensa me lleva a actuar con sabiduría, paz y propósito.
- Con lo que lleno mi mente determina cómo enfrento mis días.
- Una mente alineada con la Palabra es una mente estable.
- Jesús es el modelo perfecto de una mente rendida al propósito eterno.

Preguntas para meditar

1. ¿Qué pensamientos he permitido últimamente que no se alinean con Dios?
2. ¿Estoy dispuesto a renunciar a mi forma de ver la vida para adoptar la de Cristo?
3. ¿Qué área de mi vida necesita un cambio de perspectiva urgente?
4. ¿Estoy siendo intencional con lo que escucho, veo y pienso cada día?

Acción del día

1. **Haz un inventario mental.** Durante el día de hoy, cada vez que notes un pensamiento recurrente, detente y pregúntate: ¿esto refleja lo que Dios piensa o lo que el mundo dice?
2. **Conéctate con su voz.** Reserva al menos quince minutos para leer Filipenses 4:8 y meditar en cada una de las palabras clave. Pídele al Espíritu que te muestre qué área necesita alineación.
3. **Comparte una verdad que te esté transformando.** Envíale a alguien un versículo que ha impactado tu manera de pensar últimamente. Puedes escribirlo en redes o compartirlo directamente.

Declaración de fe

«Hoy alineo mis pensamientos a la mente de Cristo. Pienso lo que Él piensa de mí».

Oración del día

«Padre, gracias por invitarme a pensar como tú piensas. Renueva mi entendimiento. Destruye las ideas que me limitan y siembra tu verdad en mi interior. Quiero ver con tus ojos, elegir con tu sabiduría y responder con tu corazón. Alinea mi mente contigo, hoy y cada día. En el nombre de Jesús, amén».

Mañana descubrirás cómo esa mentalidad nueva te libera de las cadenas invisibles que aún buscan retenerte.

Día 21

Caminando en la libertad que Cristo nos da

Cristo ya rompió tus cadenas; ahora te toca dejar de cargar con ellas.

Hasta ahora hemos recorrido un camino profundo y aprendimos que la transformación comienza en la mente, que debe ser cultivada con verdad, sostenida en medio de las pruebas y aplicada día a día. Pero este proceso no termina en comprensión, debe continuar en acción.

Porque una mente renovada no solo piensa diferente, sino que vive diferente. Una mentalidad alineada con Dios no solo descansa en verdades espirituales, sino que camina en la libertad que esas verdades garantizan.

Y esa libertad comienza en lo más íntimo: en el lugar donde nadie nos ve, donde pensamos lo que no decimos y recordamos lo que nos pesa. Puedes ser creyente, puedes conocer a Cristo… y aun así sentirte prisionero en tu mente.

Hay personas que fueron liberadas en el espíritu, pero siguen atadas en sus pensamientos: por culpa, por miedo, por traumas del pasado. Viven redimidas… pero no renovadas. Perdonadas… pero no libres.

«Estad, pues, firmes en la libertad con que Cristo nos hizo libres, y no estéis otra vez sujetos al yugo de esclavitud».

Gálatas 5:1

Hoy es el día para soltar las llaves de la cárcel mental que tú mismo has sostenido. Porque Cristo ya abrió la puerta; ahora te toca caminar hacia afuera.

La libertad que Cristo compró con su sangre no fue solo un acto legal en el cielo, fue una victoria real sobre todo lo que oprime al alma. «Para libertad fue que Cristo nos hizo libres» (Gálatas 5:1), no para que vivas a medias, sino para que camines sin cadenas en tu mente, emociones o decisiones. Pero esa libertad debe ser sostenida con fe, no con sentimientos. Dios ya canceló la condena; ahora tú decides si sigues creyendo las mentiras que te mantuvieron atado. El enemigo no puede volver a encerrarte, pero sí puede susurrarte que aún no eres libre. Por eso, vivir en libertad implica más que saberlo; es asumirlo como tu nueva identidad.

Cuando eliges caminar en la libertad que Cristo te dio, no lo haces desde tu fuerza, sino desde su victoria. Él ya venció lo que a ti aún te intimida. Por eso, cada paso que das hacia adelante, aunque tiemble tu alma, es una declaración de fe: «No soy quien fui. Soy quien Dios dice que soy» y ese avance, aunque sea con debilidad, glorifica más a Dios que quedarte en una celda mental esperando sentirte listo. La fe no espera sentirse libre para actuar, actúa porque ya fue liberada. La verdadera libertad comienza en la mente.

La verdadera libertad comienza en la mente

La libertad que Cristo nos ofrece no es simbólica. Es completa, integral, transformadora. Pero debe ser asumida y sostenida cada día con una mente que crea y declare esa verdad. Vivir en libertad es también vivir desde una identidad segura. No como quien teme caer, sino como quien ha sido adoptado por el Padre. Tu libertad no es solo funcional, es identitaria: eres libre porque eres hijo.

¿Qué significa caminar en libertad?

1. Libertad espiritual

—No estamos bajo condenación; fuimos justificados.
—El pecado no tiene poder legal sobre nosotros.

«De modo que si alguno está en Cristo, nueva criatura es...».

2 Corintios 5:17

2. Libertad emocional

—Ya no estamos atados a la ansiedad, el rencor o la culpa.
—Podemos soltar el pasado y confiar en su cuidado.

«Echad toda vuestra ansiedad sobre Él...».

1 Pedro 5:7

3. Libertad en nuestras decisiones

—Ya no dependemos del «qué dirán».

—Caminamos obedeciendo a Dios, con convicción.

«Todo lo puedo en Cristo que me fortalece».

Filipenses 4:13

Un verdadero vencedor no solo conoce la libertad, la vive activamente cada día.

Ejemplo bíblico: Pablo y Silas en la cárcel

En Hechos 16 se cuenta que Pablo y Silas fueron azotados, encadenados y encerrados en lo más profundo de una cárcel. Todo a su alrededor gritaba: «¡Están prisioneros!». Pero su espíritu decía lo contrario.

¿Y qué hicieron? No se quejaron. No buscaron venganza. Adoraron. «Orando Pablo y Silas, cantaban himnos a Dios [...] entonces sobrevino un gran terremoto, las puertas se abrieron y las cadenas se soltaron» (Hechos 16:25-26).

Ese terremoto no fue solo físico. Fue una manifestación de una libertad interior tan poderosa que no podía seguir contenida. Ellos estaban atados, sí... pero su mente era libre.

No era la primera vez que Pablo enfrentaba oposición, pero su mente ya no funcionaba como antes. Después de haber sido transformado por Cristo, su manera de interpretar el sufrimiento cambió radicalmente. Lo que antes hubiera sido motivo de desesperación, ahora era oportunidad para glorificar a Dios. Eso es lo que sucede cuando una mente ha sido renovada: no niega el dolor, pero tampoco se arrodilla ante él. Pablo y Silas cantaron, no porque no les doliera, sino porque sabían que ni las cadenas ni los muros, ni el juicio injusto podían encarcelar su propósito. Esa adoración fue más que un canto: fue una declaración profética de libertad interior y ese mismo poder está disponible para ti. Cuando renuevas tu mente, tu entorno deja de dictar tu fe y la presencia de Dios se vuelve más real que cualquier prisión. ¿El resultado? Las cadenas caen por dentro y por fuera.

La enseñanza es clara: cuando tu mente es libre, ninguna cadena física puede detener lo que Dios hará. Y, al contrario, puedes tenerlo todo; pero si no has renovado tu forma de pensar, seguirás viviendo como un esclavo.

Cómo vivir en la libertad que Cristo nos da

La libertad no solo se recibe, sino que se cultiva, se protege y se afirma con intención.

1. Renueva tu mente con la verdad de Dios

Conocer la verdad no es suficiente: hay que internalizarla.

«Conoceréis la verdad, y la verdad os hará libres».

Juan 8:32

2. Deja el pasado atrás

Lo que ya fue cubierto por la gracia no debe seguir pesando en tu mente.

«No os acordéis de las cosas pasadas».

Isaías 43:18

3. Cambia el miedo por fe

El temor es una prisión invisible. La fe es el paso hacia la libertad.

«Dios no nos ha dado espíritu de temor...».

2 Timoteo 1:7

4. Adora y ora, incluso cuando no sientas fuerzas

Tu libertad no siempre se manifiesta con gritos; a veces se activa en el secreto.

5. Declara tu libertad en Cristo todos los días

Tu voz tiene poder, no porque tenga fuerza en sí misma, sino porque está alineada con la verdad de Dios. Cuando declaras su Palabra, no estás creando una realidad por mérito propio, estás afirmando lo que Él ya dijo, lo que Cristo ya ganó y lo que el Espíritu ya está haciendo en ti. Usa la Palabra no para imponer tu voluntad, sino para recordarte quién eres en Él y caminar con convicción en esa identidad.

Verdades que transforman

- La libertad de Cristo no es temporal ni condicional: es eterna y completa.
- Una mente renovada no negocia con el miedo, lo reemplaza con la verdad.
- Adorar en medio de la lucha es una llave que abre puertas.
- No soy definido por mi pasado, sino por lo que Cristo hizo por mí.
- La libertad no es ausencia de lucha, es presencia de convicción.

Preguntas para meditar

1. ¿Estoy viviendo como una persona libre, o como alguien que aún teme?
2. ¿Qué pensamientos o recuerdos siguen atando mi mente, aunque Dios ya me liberó?
3. ¿Estoy usando mi voz para declarar la verdad de Dios cada día?
4. ¿Qué prácticas necesito reforzar para proteger mi libertad?

Acción del día

1. Identifica lo que aún te ata

Haz una lista de tres pensamientos, temores o hábitos que necesitas soltar.

2. Declara la verdad en voz alta

Elige un versículo y repítelo cada vez que la condenación quiera regresar.

3. Adora intencionalmente

Escoge una canción que hable de libertad. Cántala como una profecía sobre tu vida.

4. Comparte tu testimonio con alguien

No hay libertad más fuerte que la que también libera a otros.

Declaración de fe

Hoy camino en la libertad gloriosa de los hijos de Dios. No vuelvo atrás. ¡Soy más que vencedor!

Oración del día

«Señor, gracias porque me hiciste libre. No quiero vivir como prisionero de pensamientos que ya no me representan. Hoy renuncio a toda cadena invisible, a toda mentira repetida, a todo temor heredado. Mi mente es libre. Mi espíritu está firme. Y mi vida es un reflejo de tu victoria, amén».

Mañana profundizaremos en la mentalidad del Reino y cómo adoptar la perspectiva del cielo en nuestra vida diaria.

Día 22

La mentalidad del Reino: pensar como Dios piensa

Tu mentalidad define tu realidad. Vivir con la mente del Reino es actuar en la tierra con la perspectiva del cielo.

Imagina por un momento que pudieras ver cada pensamiento como una semilla. Algunos producen preocupación; otros, orgullo; otros, temor. Pero hay semillas que producen algo eterno: paz, sabiduría, justicia, confianza. Eso es lo que ocurre cuando nuestra mente se alinea con el Reino de Dios.

Pensar como el Reino es aprender a ver todo desde la óptica del Rey. Es discernir que, aunque algo parezca lógico o popular, si no nace del corazón de Dios, no puede guiar nuestra mente. Por eso Romanos 12:2 nos llama a no conformarnos a este siglo, sino a ser transformados por medio de la renovación del entendimiento, para comprobar —es decir, vivir, experimentar— cuál es la voluntad de Dios: buena, agradable y perfecta. Esta renovación no ocurre solo por saber más de la Biblia, sino por dejar que el Espíritu reeduque nuestra forma de interpretar la vida. Allí comienza el cambio real: cuando nuestros pensamientos dejan de girar en torno a la necesidad y comienzan a girar en torno al Reino.

Jesús no vino solo a cambiar nuestras circunstancias, vino a cambiar nuestra manera de verlas. Y eso comienza por transformar nuestra forma de pensar. Él no predicó solo salvación, sino una nueva manera de vivir: una mentalidad del Reino.

Una mente renovada no se conforma con pensar diferente; piensa desde otra dimensión, desde lo eterno, desde lo invisible, desde el propósito de Dios. Ya no se rige por las lógicas del mundo —temor, escasez, comparación—, sino por las verdades eternas del Reino.

Esto no es misticismo ni idealismo espiritual. Es la realidad que Jesús enseñó: «Mas buscad primeramente el Reino de Dios y su justicia, y todas estas cosas os serán añadidas» (Mateo 6:33).

Solo quien conoce su identidad en el Reino puede pensar como el Reino. Eres parte de una nación santa, un embajador del cielo en la tierra. Y cuando asumes esa identidad, tu mentalidad deja de responder al sistema y empieza a reflejar la eternidad.

> *«Mas buscad primeramente el Reino de Dios y su justicia, y todas estas cosas os serán añadidas».*
>
> **Mateo 6:33**

El desafío de hoy es este: ¿sigues pensando desde la lógica del mundo o ya empezaste a pensar como un ciudadano del Reino?

Pensar como Dios piensa no es una opción secundaria para los creyentes maduros; es una necesidad urgente para todo hijo de Dios en estos tiempos. Porque solo una mente formada por el Reino puede discernir lo que viene del cielo y lo que simplemente imita su apariencia. Mientras más cerca estamos del regreso de Cristo, más necesitamos una Iglesia que piense desde la eternidad, que no reaccione como el mundo, sino que responda con la sabiduría del Espíritu. Tu forma de pensar es el reflejo más claro de a quién representas.

Mentalidad del mundo versus mentalidad del Reino

Antes de vivir como un vencedor, necesitas pensar como uno. Y eso significa romper con las formas terrenales de ver la vida y adoptar las que vienen del cielo.

MENTALIDAD DEL MUNDO	MENTALIDAD DEL REINO
Se enfoca en lo temporal y material.	Se enfoca en lo eterno y espiritual.
Decide por miedo, ansiedad o presión.	Actúa con fe, paz y dirección divina.
Busca aprobación y reconocimiento.	Vive para agradar solo a Dios.
Define su identidad por logros o estatus.	Sabe que su identidad está en Cristo.
Depende de sus fuerzas y recursos.	Confía en la provisión y el poder de Dios.

Pensar como Dios piensa no es solo pensar positivo. Es adoptar los valores, las prioridades y la perspectiva del Reino. No es pensar «mejor», es pensar «desde arriba».

Ejemplo bíblico: Jesús y la mentalidad del Reino

Jesús vivió con una mente completamente alineada al Reino. Su vida no giraba en torno a la aprobación de los hombres ni al poder político, sino al propósito eterno del Padre.

Cuando Pilato le preguntó si era rey, Jesús no negó su autoridad, pero dejó claro que su Reino no era de este mundo (Juan 18:36).

Mientras el mundo gritaba «más poder», Él enseñaba a servir. Mientras el mundo valoraba la riqueza, Él predicó el desprendimiento. Mientras el mundo exaltaba el orgullo, Él encarnó la humildad. Su mentalidad no se ajustaba al sistema; más bien, lo desafiaba.

Lo vimos con fuerza en el momento más crítico de su vida: Getsemaní. Mientras sus discípulos dormían, Jesús oraba con el alma angustiada hasta sudar sangre. Podía haber pedido huir del dolor, pero eligió someterse al plan eterno: «No se haga mi voluntad, sino la tuya». Allí no solo venció al miedo, venció al sistema. Esa oración no fue de debilidad, fue de gobierno espiritual. Mostró que una mente rendida al Reino no toma decisiones por conveniencia, sino por obediencia. Y eso es exactamente lo que hoy Dios te llama a hacer: pensar como Cristo, actuar como ciudadano del Reino y vivir con la mirada en lo eterno.

Esa fue la mentalidad que sostuvo a Jesús en medio del rechazo, la traición y la cruz. No vivió reaccionando a lo que el sistema decía de Él, sino respondiendo al llamado del Padre. Y eso es lo que hoy el Espíritu Santo quiere formar en ti: una mente tan establecida en la verdad del Reino; que ni la crítica te desvíe ni el aplauso te engañe. Porque cuando tu mente se gobierna desde el cielo, tus decisiones dejan de estar sujetas a la tierra. Pensar como Cristo no solo cambia cómo enfrentas la vida, sino también el tipo de vida que estás dispuesto a vivir.

Cómo desarrollar una mentalidad del Reino

1. **Busca primero a Dios en todo**. Pon a Dios en el centro de cada decisión. Antes de reaccionar, pregúntate: ¿esto glorifica a Dios? «Reconócelo en todos tus caminos, y Él enderezará tus veredas» (Proverbios 3:6).
2. **Invierte en lo eterno, no solo en lo temporal**. Tus recursos, tiempo y talentos son semillas. Siembras en la tierra o siembras para el cielo. «No os hagáis tesoros en la tierra [...] sino en el cielo» (Mateo 6:19-20).
3. **Cambia la preocupación por confianza**. El Reino opera desde la certeza de que el Padre ya cuida de ti. «Echad toda vuestra ansiedad sobre Él» (1 Pedro 5:7).
4. **Vive con propósito y misión**. Cada día no es solo una agenda..., es una oportunidad divina. «Id y haced discípulos» (Mateo 28:19).
5. **Ve los problemas desde lo eterno**. En el Reino, cada prueba se convierte en una oportunidad para crecimiento, fe y gloria. «Esta leve tribulación [...] produce un eterno peso de gloria» (2 Corintios 4:17).

Verdades que transforman

- La mentalidad del Reino te lleva a ver lo invisible como más real que lo visible.
- Dios no cambia tus circunstancias sin antes cambiar tu percepción.
- El Reino no es solo un destino, es una manera de pensar hoy.
- Jesús no vivió para encajar, sino para transformar. Tú también estás llamado a transformar.
- Si cambio mi mentalidad, cambiará todo mi entorno.

La mente del Reino no solo transforma tu interior, sino que te posiciona para influir en el mundo con la cultura del cielo.

Preguntas para meditar

1. ¿Estoy tomando decisiones más desde el temor o desde la fe?
2. ¿Qué parte de mi mente sigue operando bajo la lógica del mundo?
3. ¿Mi identidad está basada en Cristo, o en mis logros, fracasos o aprobación ajena?
4. ¿En qué áreas necesito ajustar mi enfoque para vivir con mentalidad del Reino?

Acción del día

1. **Autoevaluación**. Haz un listado de pensamientos comunes que has tenido esta semana. ¿Se alinean con el Reino o con el mundo?

2. **Evalúa tus decisiones recientes**. Escoge tres decisiones importantes que tomaste en los últimos días y reflexiona: ¿se guiaron por ansiedad o por fe?
3. **Haz una oración de alineación**. Dedica unos minutos para rendir tu forma de pensar ante Dios y pedir una perspectiva celestial.
4. **Acto de fe**. Haz algo hoy que refleje el Reino: perdona, da, sirve, calla, siembra. Que tu acción sea evidencia de tu nueva mentalidad.

Declaración de fe

«Hoy renuevo mi mente para pensar como el Reino de Dios piensa: sin límites ni temores».

Oración del día

«Padre, renueva mi mente para pensar como Tú piensas. Desarraiga en mí toda mentalidad terrenal, limitada o basada en el miedo. Ayúdame a vivir desde el Reino con propósito, fe y visión eterna. Hoy someto mi mente a tu verdad. Que todo en mí refleje tu Reino. En el nombre de Jesús, amén».

Pensar como el Reino no solo transforma tu mente: transforma tu destino. Mañana descubrirás cómo diagnosticar tu avance y fortalecer cada área de tu mente renovada.

Día 23

¿Dónde está mi mente? Reflexión y diagnóstico personal

Tu vida sigue la dirección de tus pensamientos. Si renuevas tu mente, cambiarás tu rumbo.

En este punto del proceso has sembrado verdades, has arrancado mentiras y te has esforzado por renovar tu interior. Pero ¿cómo saber si realmente estás pensando como un vencedor? A veces sentimos que avanzamos, pero nuestros pensamientos aún nos sabotean en silencio.

Nuestra vida es un reflejo de lo que pensamos continuamente. Y muchas veces, sin notarlo, sostenemos pensamientos que contradicen la verdad de Dios. Ideas que nos limitan, que nos paralizan, que siembran temor. Por eso, este día es una pausa necesaria: un diagnóstico personal. Un momento para preguntarte, con sinceridad: ¿dónde está mi mente hoy?

«Poned la mira en las cosas de arriba, no en las de la tierra».

Colosenses 3:2

Jesús enseñó que de la abundancia del corazón habla la boca, pero antes de llenar el corazón todo pensamiento pasa por la mente. Y si no aprendemos a identificar qué ideas estamos albergando podríamos estar caminando con mentalidad de derrota, aunque deseemos vivir como vencedores.

Muchas veces creemos que avanzar es simplemente dejar el pasado atrás, pero avanzar sin renovar la mente es como caminar en círculos con otro paisaje. Dios no solo quiere sacarte del lugar de derrota: quiere sacar la derrota de tu manera de pensar. Por eso, la renovación mental no es solo una herramienta de sanidad, es una estrategia de gobierno espiritual. El apóstol Pablo lo enseñó con claridad: «Derribando argumentos y toda altivez que se levanta contra el conocimiento de Dios y llevando cautivo todo pensamiento a la obediencia a Cristo» (2 Corintios 10:5). Esto no es poesía espiritual, es una instrucción directa para detectar y someter todo pensamiento que se oponga a lo que Dios ha dicho sobre ti.

Porque si el enemigo logra infiltrar una mentira en tu mente, terminará desviando tu dirección. Así como una brújula ligeramente alterada puede llevar un barco a otro destino, un pensamiento fuera de la verdad puede llevar tu vida entera a decisiones equivocadas. Por eso, hoy el Espíritu Santo te invita no solo a reflexionar, sino a revisar con lupa espiritual qué pensamientos estás permitiendo. No se trata de sobreanalizarlo todo, sino de aprender a discernir lo que edifica y lo que sabotea. Este es un día para examinar tu mente no desde la culpa, sino desde la luz; no para condenarte, sino para reenfocarte.

Diagnóstico personal: ¿cómo está tu mentalidad?

Hacer un diagnóstico claro de tu manera de pensar es un paso crucial para la transformación. Aquí algunas claves para iniciar esa evaluación sincera:

1. ¿Qué pensamientos dominan mi mente diariamente?

—¿Estoy enfocado en lo bueno, en la esperanza, o en la preocupación y la falta?

—¿Mis pensamientos reflejan confianza en Dios o ansiedad por lo que no puedo controlar?

«...todo lo que es verdadero, todo lo honesto, todo lo justo, todo lo puro, todo lo amable, todo lo que es de buen nombre [...] *en esto pensad».*

Filipenses 4:8

2. ¿Estoy atrapado en pensamientos negativos recurrentes?

Hay frases que se han vuelto parte de nuestra narrativa interna sin darnos cuenta:

—«Si hubieras actuado de manera diferente...».

—«¿Y si todo sale mal?».

—«Nunca voy a cambiar».

—«No soy suficiente».

«No os conforméis a este siglo, sino transformaos por medio de la renovación de vuestro entendimiento...».

Romanos 12:2

3. ¿Cómo afectan mis pensamientos mis emociones y decisiones?

—Si mis pensamientos son de derrota tomaré decisiones desde la inseguridad.

—Si están llenos de fe caminaré con confianza.

—Si mis pensamiento son tóxicos, mi alma vivirá angustiada.

«El ánimo del hombre soportará su enfermedad; mas ¿quién soportará al ánimo angustiado?».

Proverbios 18:14

Hacer este diagnóstico no es una señal de debilidad, sino de madurez espiritual. Solo quien se detiene a observar con honestidad puede avanzar con propósito. Si queremos caminar como vencedores, debemos pensar como tales, y eso empieza por reconocer qué pensamientos necesitan ser confrontados y renovados. Examinar tu mente hoy es el primer paso para dejar de vivir desde la confusión y comenzar a vivir desde la verdad.

Ejemplo bíblico: el joven rico y su mentalidad atrapada

En Marcos 10:17-22 se nos narra una escena poderosa. Un joven, aparentemente sincero y cumplidor de los mandamientos, se arrodilla ante Jesús con una pregunta esencial: «¿Qué debo hacer para heredar la vida eterna?». Tenía buenas intenciones, había vivido correctamente, y su deseo de seguir a Jesús era evidente.

Pero cuando el Maestro le pide algo que va más allá de sus obras —vender todo lo que tenía y seguirlo— el joven se entristece. No porque no quisiera a Jesús, sino porque su mente aún estaba apegada a la seguridad de sus riquezas. Tenía una visión distorsionada: creía que su valor, su estabilidad y su propósito dependían de lo que poseía.

Este episodio nos revela algo profundo: no basta con querer seguir a Jesús si nuestra mente sigue atada a lo que pensamos que no podemos soltar. El joven rico no fue rechazado por Jesús. Fue su manera de pensar la que lo hizo retroceder. Su mente, más que su corazón, no estaba lista para renunciar a lo conocido por fe en lo eterno.

¿Qué estás reteniendo por miedo a perder tu estabilidad? ¿Qué pensamiento, creencia o apego está impidiendo que sigas a Jesús con libertad? Hoy es una oportunidad para soltar lo que parece seguro y abrazar lo que realmente transforma.

Este joven no fue vencido por un pecado visible, sino por una mentalidad invisible. Pensaba que podía mantener el control y seguir a Cristo al mismo tiempo. Pero el Reino exige una mente dispuesta a soltar, a confiar, a rendirse. Esa es la verdadera lucha: no contra lo que poseemos, sino contra lo que creemos necesitar para sentirnos seguros. Hoy, como aquel joven, muchos desean lo eterno pero siguen aferrados a lo temporal. Y es allí donde Dios nos confronta con amor: ¿estás dispuesto a dejar lo que piensas que necesitas para recibir lo que solo Él puede darte? Porque el verdadero cambio no comienza cuando das un paso, sino cuando tu mente se libera para darlo.

Cómo reorientar tu mente hacia una mentalidad de vencedor

Cambiar la mentalidad no es solo un acto de voluntad, es un proceso espiritual que involucra conciencia, decisión y práctica. Aquí algunos pasos:

1. Reconoce los pensamientos equivocados

Escríbelos, míralos con objetividad y decide no volver a justificarlos.

2. Sométselos a Dios en oración

Entrégale cada pensamiento, temor o idea limitante. Dios quiere renovarte, pero espera que se lo permitas.

3. Reemplázalos con la verdad

Usa versículos específicos que contradigan esa mentira y repítelos cada día.

4. Actúa conforme a la verdad, no conforme a lo que sientes

La fe no siempre se siente, pero se vive. Alinea tus decisiones con la verdad, no con tu emoción.

«Y conoceréis la verdad, y la verdad os hará libres».

Juan 8:32

Verdades que transforman

- No puedo avanzar con una mente que me detiene.
- Dios no me condena: me alinea, me renueva y me reposiciona.
- Todo pensamiento que no se sujeta a Cristo necesita ser redireccionado.
- Una mente renovada es libre, firme y clara.
- Todo cambio duradero comienza en mi manera de pensar.
- La fe no siempre se siente, pero se vive.

Acción del día

1. **Haz un diagnóstico de tus pensamientos**. Escribe tres pensamientos que se han repetido últimamente. ¿Qué dicen de tu fe?
2. **Busca la verdad que los confronta**. Encuentra un versículo para cada uno y decláralo en voz alta.
3. **Haz un ayuno de información tóxica**. Durante veinticuatro horas, evita contenidos que alimenten el temor o la ansiedad. Llena ese espacio con la Palabra.
4. **Ora entregando tu mente a Dios**. Declara que tu mente es terreno fértil para la verdad, no para la mentira.

Verdades que transforman

- No puedo avanzar con una mente que me detiene.
- Dios no me condena, me renueva.
- Mis pensamientos deben alinearse con lo que Dios dice, no con lo que temo.
- Una mente renovada es libre, firme y clara.
- Todo cambio duradero comienza en mi manera de pensar.

Preguntas para meditar

1. ¿Qué pensamientos me han limitado últimamente sin que lo notara?
2. ¿Estoy alimentando pensamientos que me acercan o me alejan de la verdad?
3. ¿Qué cambiaría hoy si decidiera pensar como Dios piensa?

Declaración de fe

«Hoy examino mi mente con la luz de Dios. Corrijo mi enfoque y avanzo en fe».

Oración del día

«Señor, hoy someto mis pensamientos a tu verdad. Muéstrame lo que me ha estado limitando y ayúdame a reemplazarlo con lo que tú dices de mí. Quiero tener una mente libre, una fe firme y una visión alineada con tu propósito. En el nombre de Jesús, amén».

En el próximo día no solo entenderás que puedes reemplazar pensamientos derrotistas, sino que aprenderás a establecer una mentalidad firme de victoria en tu interior. Prepárate para plantar nuevas raíces.

Día 24

Haciendo un plan de renovación mental

Una mente renovada no se construye con buenas intenciones, sino con decisiones diarias guiadas por la verdad.

¿Cuántas veces hemos deseado cambiar algo en nuestra manera de pensar, pero terminamos abandonando ese deseo al poco tiempo? Tal vez empezamos con entusiasmo, pero luego lo urgente nos roba lo importante, y sin darnos cuenta caemos otra vez en los mismos pensamientos de siempre.

La renovación de la mente no es producto de un momento emocional ni sucede solo porque lo pedimos en oración. Es una obra de Dios que se materializa en un proceso humano, sostenido por decisiones diarias, prácticas intencionales y metas concretas. Así como no se construye una casa sin planos, tampoco se edifica una nueva mentalidad sin un diseño claro.

La misma Palabra nos enseña que vivir con sabiduría incluye proyectar, ordenar y establecer prioridades. Jesús lo explicó con una imagen muy clara: «¿Quién de ustedes, si quiere construir una torre, no se sienta primero a calcular el costo...?» (Lucas 14:28). Aunque hablaba del costo del discipulado, el principio es el mismo: nadie edifica sin antes pensar, medir y decidir. Una mente renovada no se levanta al azar. Necesita dirección, estructura y compromiso. No basta con tener buenos deseos; hay que sentarse, evaluar y trazar un camino con Dios.

Dios nos ha dado las herramientas: su Palabra, su Espíritu, su guía constante. Pero también espera que nosotros colaboremos con responsabilidad y visión. No nos cambia a la fuerza, sino que nos invita a caminar en cooperación con Él.

> *«Los planes bien pensados y el arduo trabajo llevan a la prosperidad; pero la prisa y la improvisación llevan a la pobreza».*
>
> **Proverbios 21:5**

Por eso, hoy no hablamos solo de inspiración. Hablamos de estrategia. Si queremos sostener una mentalidad de vencedor necesitamos más que deseo: necesitamos un plan que nos enfoque, discipline y acompañe en esta transformación.

La importancia de un plan para renovar la mente

Sin dirección es fácil perderse. La mente humana tiene la tendencia a regresar a lo conocido, incluso si eso nos hace daño. Un plan bien diseñado actúa como un mapa: te recuerda hacia dónde vas, te permite evaluar por dónde vas y te muestra cómo ajustar el rumbo cuando sea necesario.

¿Por qué tantas personas comienzan a renovar su mente, pero luego se rinden? No porque Dios no quiera transformarlas, sino porque intentaron avanzar sin un método, sin claridad y sin compromiso. La diferencia entre quien ve frutos y quien se queda solo con inspiración es esta: el que avanza tiene una estrategia.

«El corazón del hombre traza su rumbo, pero sus pasos los dirige el Señor».

Proverbios 16:9

Dios no está en contra de que planifiques: está en contra de que lo hagas sin Él. Este versículo nos muestra una colaboración divina: nosotros trazamos un plan con responsabilidad, pero es Él quien guía nuestros pasos con sabiduría. No se trata de controlarlo todo, sino de caminar en comunión con su voluntad. Una mente renovada no improvisa su crecimiento, lo planea con Dios, sabiendo que cada paso dado en obediencia será respaldado por su dirección.

«El hombre de doble ánimo es inconstante en todos sus caminos».

Santiago 1:8

Sin un plan claro, nuestra mente oscila entre dos aguas: entre la fe y el temor, entre la verdad de Dios y la presión del entorno. La doble mentalidad produce inestabilidad, porque no ha sido afirmada en la Palabra. Un plan de renovación mental es una respuesta espiritual a esa inconstancia. Es declarar con hechos que no quieres más pensamientos ambiguos o emociones volátiles, sino una mente anclada en la verdad. Dios honra a los que le buscan con intención y firmeza.

Diseñando un plan de renovación mental

Antes de trazar el plan recuerda esto: un plan no es una carga, sino una guía. No busca controlarte, sino ayudarte a vivir con propósito. Es una forma concreta de cuidar lo que Dios está construyendo en tu interior.

- **Renovación espiritual: alimentar tu mente con la verdad de Dios**. La renovación espiritual comienza cuando haces espacio para lo que realmente nutre tu alma. No podemos pensar como Dios piensa si no escuchamos lo que Él dice.

—Establece un horario fijo para leer la Biblia y orar.

—Memoriza un versículo por semana y medita en él durante el día.

—Escribe tres razones de gratitud cada noche.

—Evalúa lo que consumes: ¿te llena de fe o te vacía emocionalmente?

«Nunca se apartará de tu boca este libro de la ley...».

Josué 1:8

Si luchas con pensamientos de miedo, repite y cree: «Dios no me ha dado un espíritu de temor, sino de poder, amor y dominio propio» (2 Timoteo 1:7).

- **Renovación emocional: entrenar tu mente para gestionar emociones**. Lo que no identificamos nos controla. Lo que no procesamos nos encadena. Dios no solo quiere cambiar lo que piensas, sino también cómo te sientes.

—Anota los pensamientos negativos cuando surjan.

—Haz una pausa y entrégalos a Dios en oración.

—Redefine tu lenguaje interior con verdades de fe.

—Rodéate de personas que fortalezcan tu fe y te modelen salud emocional.

«Echad toda vuestra ansiedad sobre Él, porque Él tiene cuidado de vosotros».

1 Pedro 5:7

Si te sientes insuficiente declara con convicción: «Todo lo puedo en Cristo que me fortalece» (Filipenses 4:13).

- **Renovación personal: tomar decisiones alineadas con una mente renovada**. Renovar la mente no solo cambia cómo piensas, sino cómo eliges. La mente renovada se refleja en tus rutinas, tu agenda y tus decisiones.

—Organiza tu día con base en tus prioridades espirituales.

—Filtra los contenidos que consumes a diario.

—Practica la autodisciplina cuando surjan pensamientos distorsionados.

—Evalúa tu avance cada semana con gracia y compromiso.

«Encomienda a Jehová tu camino, y confía en Él; y Él hará».

Salmos 37:5

Si te domina la preocupación, establece un momento de oración cada noche donde sueltes todo a los pies de Jesús.

Ejemplo bíblico

Nehemías: un plan nacido del dolor, sostenido por la oración y guiado por Dios

Cuando Nehemías se enteró de que Jerusalén estaba en ruinas, no reaccionó solo con emoción o deseo de cambio. Lloró, ayunó, oró y luego trazó un plan. No salió corriendo sin dirección; pidió permiso, hizo provisiones, analizó el terreno y convocó al pueblo. Todo comenzó con una carga en el corazón, pero no se quedó en lo emocional: convirtió su dolor en una estrategia guiada por Dios.

> *«Entonces les dije: vosotros veis el mal en que estamos... Venid y edifiquemos el muro de Jerusalén, y no estemos más en oprobio. Entonces les declaré cómo la mano de mi Dios había sido buena sobre mí...».*
>
> **Nehemías 2:17–18**

Lo notable no es solo que reconstruyó un muro físico, sino que restauró la identidad de un pueblo gracias a su visión, su estructura y su dependencia del cielo. Muchos quieren cambiar, pero no todos se detienen a trazar el mapa de ese cambio. Nehemías lo hizo, sin improvisar y planeando con fe. Hoy Dios te dice lo mismo: «No basta con desear la transformación, levántate y edifica». Pero no solo con tus fuerzas, sino con su favor, su Palabra y un plan que honre su propósito en ti.

Verdades que transforman

- El cambio real necesita estructura, no solo deseo.
- Cada mente renovada tiene detrás una vida intencional.
- Dios trabaja con quienes planean según su verdad.
- Si repites la verdad cada día, ella moldeará tus decisiones.
- Ser vencedor comienza con un paso firme... y luego otro, y otro.

Preguntas para meditar

1. ¿Estoy caminando con propósito o reaccionando por inercia?
2. ¿Qué prácticas puedo implementar desde hoy para fortalecer mi mente?
3. ¿Quién puede acompañarme en este plan y ayudarme a perseverar?

Acción del día

Hoy no pospongas más tu transformación. Crea tu plan de renovación mental y empieza a construir la mente que Dios diseñó para ti.

Paso 1. Reflexiona y escribe

- ¿Cuáles son los tres pensamientos que más me limitan?
- ¿Cómo han afectado mi vida espiritual, emocional y personal?
- ¿Qué verdades bíblicas necesito declarar diariamente?

Paso 2. Establece metas específicas

- Espiritual. Ejemplo: dedicar diez minutos diarios a la oración y la lectura bíblica.
- Emocional. Ejemplo: identificar y reemplazar un pensamiento tóxico por día.
- Personal. Ejemplo: reducir el tiempo en redes sociales y aumentar el consumo de contenido edificante.

Paso 3. Evalúa tu progreso cada semana

- ¿Qué mejoró esta semana?
- ¿Qué necesito ajustar?
- ¿Estoy siendo honesto conmigo mismo y con Dios?

Paso 4. Compártelo con alguien de confianza

- Caminar en comunidad fortalece el compromiso y aligera el proceso.

Un plan no busca la perfección, busca el avance. Y Dios honra el paso constante.

Declaración de fe

«Hoy diseño mi renovación mental con la sabiduría de Dios. Persevero hasta ver frutos».

Oración del día

«Señor, gracias por darme las herramientas para transformar mi mente. Hoy elijo caminar con intención. Ayúdame a trazar un plan que se alinee con tu Palabra, a sostenerlo con disciplina y a vivir con claridad. Que mis pensamientos no sean aleatorios, sino sembrados por tu verdad. En el nombre de Jesús, amén».

Mañana vestirás tu mente con nuevas vestiduras de fe. Descubrirás que renovar tu interior no es un esfuerzo humano, sino una transformación continua impulsada por la gracia de Dios.

Día 25

Sellando la renovación con oración y compromiso

La renovación de la mente no se sostiene en emociones, sino en una decisión sellada con oración y convicción.

Después de semanas recorriendo este camino has aprendido a identificar los pensamientos que te limitaban, a reemplazarlos con la verdad, a ejercitar la autodisciplina mental y a vivir en la paz que solo Dios puede dar. Has avanzado en la construcción de una mente renovada. Pero ahora llega uno de los momentos más importantes de todo el proceso: decidir que no volverás atrás.

Porque una mente renovada no se sostiene únicamente con motivación. Se sostiene con compromiso, con una decisión íntima y radical de perseverar, incluso cuando las emociones se apaguen, cuando la rutina vuelva a gritar, cuando la antigua manera de pensar quiera regresar silenciosamente.

Este día no es como los anteriores. Este día es un altar, un lugar sagrado donde se sella lo que Dios ha estado haciendo en lo invisible. Aquí no se trata de cuánto entendiste, sino de si estás dispuesto a caminar con convicción lo que ya fue revelado.

En la Biblia, cada avance espiritual iba acompañado de un acto de decisión que sellaba lo que Dios había dicho. Moisés alzó un altar tras la victoria; Josué escribió en piedra el pacto con el pueblo; Elías llamó al pueblo a definirse diciendo: «¿Hasta cuándo claudicaréis entre dos pensamientos?» (1 Reyes 18:21). No era solo conocimiento, era compromiso. Hoy, Dios te llama a hacer lo mismo: a dejar de posponer tu definición interior y sellar, con firmeza y reverencia, lo que el cielo ya plantó en tu mente. Porque las decisiones firmes abren puertas que la duda nunca podrá cruzar. Muchas veces, después de un proceso de transformación, lo que pone a prueba la renovación no es una gran batalla espiritual, sino las pequeñas distracciones, los hábitos que no cambiaron, las voces internas que regresan o simplemente el olvido de lo que Dios dijo. Por eso, este momento es crucial.

Sellar el proceso con oración y compromiso no es un ritual. Es un acto espiritual de alineación. Es como marcar un antes y un después en tu mente, diciéndole al pasado: «Hasta aquí llegaste»; y a Dios: «Desde aquí, yo sigo contigo».

Porque puedes tener una gran revelación... Pero si no haces un pacto personal con ella se desvanecerá. Puedes sentirte inspirado, pero si no tomas una decisión clara volverás a los mismos ciclos.

> *«Encomienda a Jehová tu camino, y confía en Él; y Él hará».*
>
> **Salmos 37:5**

Este día es tu punto de quiebre. Es la oportunidad de mirar todo lo que has recorrido, agradecerlo y afirmarlo... Afirmarlo con una oración honesta. Afirmarlo con una decisión firme. Afirmarlo con acciones que griten en tu rutina: «He sido renovado y no volveré atrás».

El poder de la oración en la renovación mental

Antes de sellar un pacto hay un altar. Y en ese altar espiritual la oración es la llama que afirma lo que hemos decidido en lo profundo. La oración no solo es comunicación: es consagración. Es en la oración donde se activa el poder para perseverar, porque la oración sincera desarma fortalezas internas y establece la voluntad de Dios en nuestra mente. Efesios 6:18 nos exhorta a orar «en todo tiempo... y velar con perseverancia», como parte de la batalla espiritual. Sin oración, la verdad revelada se enfría. Pero cuando oras, tu espíritu se alinea con el cielo y la renovación mental deja de ser teoría para convertirse en convicción vivida. Allí, en ese espacio sagrado, Dios afirma lo que sembró y te equipa para sostenerlo.

Jesús nos dejó el modelo perfecto. En Getsemaní no evitó el dolor ni huyó del conflicto. En cambio, oró con determinación, entregando su voluntad y reafirmando su compromiso con el propósito eterno del Padre. Esa oración no fue emocional, fue decisiva.

La oración que sella la transformación mental no es una repetición de palabras. Es una declaración interna que dice: «He sido renovado, y esta vez no volveré atrás».

¿Qué sucede cuando oras con convicción?

1. **Fortaleces tu decisión**. La oración alinea tu mente con tu espíritu y transforma una intención en determinación. Es el momento en que dejas de esperar el cambio y comienzas a sostenerlo.

2. **Recibes dirección y claridad**. Dios no solo fortalece, sino que también guía. En oración Él te muestra qué hábitos reforzar, qué pensamientos desechar y qué nuevas decisiones tomar.
3. **Te llenas del poder de Dios**. La transformación de la mente no se logra con fuerza humana. La oración invoca al Espíritu Santo como tu compañero constante de renovación.

«Clama a mí, y yo te responderé...».

Jeremías 33:3

La renovación que se sostiene en oración, permanece.

Ejemplo bíblico: oraciones que sellaron decisiones

La Biblia no solo nos muestra grandes decisiones, sino oraciones que sellaron compromisos. En momentos clave, hombres de Dios no solo creyeron o actuaron, oraron con el alma y desde allí afirmaron su pacto con el cielo.

Josué y Caleb no solo fueron valientes en su generación. Cuando el pueblo dudó, ellos hablaron con fe, pero también mantuvieron su comunión con Dios viva por décadas en el desierto. No fue una emoción del momento, su compromiso fue sostenido por una vida de conversación constante con Dios. Su fe no solo se expresó en palabras ante el pueblo, sino en una relación continua que los sostuvo hasta entrar a la tierra prometida.

David, después de pecar, no se quedó solo en el remordimiento. Su oración en el salmo 51 es una de las expresiones más profundas de compromiso renovado: «Crea en mí, oh Dios, un corazón limpio y renueva un espíritu recto dentro de mí». No solo pidió perdón: suplicó ser restaurado para permanecer. Su oración no fue momentánea; fue el eco de un corazón que eligió no volver atrás.

Pedro, después de negar a Jesús, lloró amargamente y, aunque la Biblia no registra sus palabras exactas en ese momento, su vida posterior revela que hubo una oración silenciosa, profunda, donde el quebranto se convirtió en entrega total. En Hechos lo vemos orando, predicando, caminando con convicción. Fue su oración la que transformó la culpa en gracia y la caída en firmeza.

Estas historias nos enseñan que una verdadera renovación no se cierra con emociones, sino con oraciones que marcan un antes y un después. Que no solo nuestras palabras expresen lo que sentimos, sino que oremos con convicción lo que decidimos creer y vivir.

Pasos prácticos para sellar tu renovación mental

No se trata solo de sentir que fuiste tocado por Dios, sino de convertir esa experiencia en una decisión firme. Aquí te comparto cómo hacerlo:

1. **Ora con determinación**. No es una oración más. Hazla intencional. Pide a Dios que selle en tu interior lo que ha comenzado a hacer. Hazlo en voz alta, con propósito.

2. **Escribe tu compromiso personal**. Define en tus palabras una declaración de fe y decisión. Guárdala en un lugar especial. Regrésala a tu corazón cada vez que te sientas débil: «Señor, hoy decido caminar con una mentalidad de vencedor. No permitiré que el temor, la duda o el pasado controlen mi vida. Me comprometo a pensar conforme a tu verdad y a mantenerme firme en la renovación que has comenzado en mí».
3. **Rodéate de personas que te sostengan en el camino**. La renovación no es solitaria. Búscate una comunidad o una persona que pueda ayudarte a rendir cuentas, compartir oración y darte perspectiva. «El hierro se afila con el hierro» (Proverbios 27:17).
4. **Evalúa tu renovación regularmente**. Tómate cada semana para revisar:

- ¿Estoy alineado con lo que Dios me mostró?
- ¿Estoy cayendo en pensamientos antiguos?
- ¿Qué pasos debo reforzar esta semana?

El compromiso es lo que transforma una revelación en una vida nueva.

Verdades que transforman

- Una mente renovada necesita una vida comprometida.
- La oración sella lo que la Palabra siembra.
- El compromiso con Dios es el ancla que sostiene tu renovación.

- No se trata solo de entender, sino de caminar con convicción.
- Dios no solo empieza la obra, Él la completa cuando decides permanecer.

Preguntas para meditar

1. ¿He sellado realmente mi proceso de renovación con una decisión firme?
2. ¿En qué momentos tiendo a retroceder mentalmente?
3. ¿Con quién puedo compartir este compromiso para no caminar solo?

Acción del día

- Dedica quince minutos a orar con firmeza.
- Escribe una oración de compromiso y guárdala como ancla espiritual.
- Comparte con alguien de confianza tu decisión, pídele que te ayude a rendir cuentas.
- Vuelve a leer tu oración cada vez que sientas que estás flaqueando.

Declaración de fe

«Hoy sello en oración el cambio que Dios inició en mi mente. No retrocederé».

Oración del día

«Señor, hoy no solo escucho: decido. No quiero quedarme en palabras, sino caminar en fidelidad. Sella en mí la renovación que has iniciado. Afirma mis pensamientos, alinea mis pasos, fortalece mi decisión. Gracias porque tu Espíritu me sostiene. Declaro que esta transformación no es temporal; es mi nuevo estilo de vida. En el nombre de Jesús, amén».

El siguiente paso te llevará a activar una mente renovada que permanece firme frente a toda batalla. Prepárate para establecer una mentalidad sólida que sostenga tu avance en Cristo.

Día 26

Manteniendo el enfoque y perseverando en el proceso

La mente se renueva con intención, pero se fortalece con perseverancia.

Iniciar un proceso de transformación es emocionante. Hay motivación, esperanza, claridad. Sentimos que todo puede cambiar. Pero, con el paso de los días, la emoción inicial se diluye, los retos aparecen, la vida se complica y la perseverancia se convierte en el ingrediente esencial.

El verdadero desafío no es empezar, es mantenerse enfocado cuando el panorama ya no parece tan claro. Una mente renovada no se forma de un momento a otro. Es el resultado de un compromiso constante, de una decisión que se renueva día tras día.

Pero Dios nunca ha prometido una transformación rápida, sino una transformación sólida. La Biblia nos enseña que la carrera cristiana se corre «con paciencia» (Hebreos 12:1), no con prisa. La palabra paciencia aquí implica resistencia bajo presión, perseverancia activa. El enfoque espiritual no se trata de correr con emociones, sino de seguir con determinación. Dios no premia a los que empiezan con fuerza, sino a los que permanecen con fidelidad. Cada día que eliges seguir, incluso con cansancio, estás venciendo. Porque tu perseverancia no se mide por lo que sientes, sino por lo que decides creer.

En este punto podrías estar enfrentando distracciones, agotamiento emocional o frustración porque el cambio parece lento. Quizás has pensado: «Otra vez caí en lo mismo» o «Ya no sé si estoy avanzando». Pero permíteme recordarte algo: si estás aquí leyendo estas líneas, es porque no te has rendido. Y eso ya te convierte en alguien que está venciendo.

> *«No nos cansemos, pues, de hacer el bien; porque a su tiempo segaremos, si no desmayamos».*
>
> **Gálatas 6:9**

La perseverancia no es perfección, es dirección. Es volver a enfocarte cuando tu mirada se dispersa. Es recordar lo que Dios comenzó en ti y seguir adelante, incluso cuando no sientes avances visibles. Porque los mayores frutos no se ven de inmediato... pero se están gestando en lo profundo.

Los enemigos del enfoque y la perseverancia

En todo proceso de transformación surgirán voces que intenten desviarte. A veces vendrán de fuera, otras de tu interior. Pero siempre intentarán una cosa: detener tu avance.

Conocer estos enemigos es el primer paso para vencerlos. Aquí te presento tres que suelen ser comunes en quienes están avanzando hacia una mentalidad renovada:

1. **El cansancio espiritual y emocional**. A veces sentimos que hemos avanzado, pero el progreso parece lento o invisible. En esos momentos el cansancio nos hace dudar si realmente vale la pena seguir esforzándonos. Recuerda

que Dios te da nuevas fuerzas cada día. No dependas de tu propia energía, sino de su poder «Pero los que esperan a Jehová tendrán nuevas fuerzas» (Isaías 40:31). El cansancio no es señal de debilidad, sino una invitación a volver a la fuente. Dios renueva tus fuerzas si no te desconectas de Él.

2. **Las distracciones y la falta de prioridades**. Vivimos en un mundo que constantemente demanda nuestra atención. Si no establecemos nuestras prioridades correctamente, es fácil perder el enfoque. Aprende a distinguir lo urgente de lo importante. Aparta tiempo diario para Dios y para reforzar tu mente con su Palabra «Mas buscad primeramente el reino de Dios y su justicia» (Mateo 6:33). Aprender a decir no a lo innecesario es una forma poderosa de decirle sí al propósito de Dios.
3. **Las voces de desánimo y duda**. Tanto los pensamientos internos como las palabras de otros pueden influir en nuestra perseverancia. ¿Te han dicho alguna vez que no vas a cambiar? ¿O has sentido que nunca serás lo suficientemente fuerte? No escuches las mentiras del enemigo. Llena tu mente con la verdad de Dios «Porque siete veces cae el justo, y vuelve a levantarse» (Proverbios 24:16). Tu mente necesita repetirse más veces lo que Dios dice, que lo que el miedo grita.

Cuando logras identificar a estos enemigos, puedes vencerlos con herramientas espirituales. El enfoque no es solo atención: es una decisión de resistir todo lo que intenta desviarte.

Ejemplo bíblico: Nehemías y la perseverancia en la reconstrucción

Nehemías fue un hombre llamado a una tarea que parecía imposible: reconstruir los muros de Jerusalén en medio de una ciudad destruida, un pueblo desanimado y enemigos atentos a su fracaso. No tenía recursos ilimitados ni condiciones ideales. Pero sí tenía algo: una convicción inquebrantable de que Dios lo había llamado.

Durante el proceso enfrentó amenazas externas, burlas, intentos de manipulación y hasta traiciones internas. Cuando sus enemigos lo invitaron a detenerse para «dialogar», su respuesta fue clara y poderosa: «Estoy ocupado en una gran obra y no puedo bajar» (Nehemías 6:3).

Nehemías entendía que cualquier distracción, por noble que pareciera, era un intento de frenar su misión. Así debe ser nuestra actitud frente a los pensamientos que intentan desenfocarnos: «no puedo bajar», no puedo detener lo que Dios está edificando en mí. Nehemías terminó el muro en solo cincuenta y dos días porque no se rindió. ¿Y tú? ¿Qué muro estás construyendo? ¿Qué renovación estás cultivando? No permitas que nada —ni nadie— te haga bajar de lo que estás edificando con Dios.

Nehemías no solo resistió enemigos externos; también venció el desgaste interno de la incertidumbre, la crítica y la fatiga. Su secreto no fue su fuerza personal, sino su enfoque anclado en la convicción divina. Él sabía que su obra no era solo una construcción física, sino una misión espiritual. Así también tú: lo que estás edificando en tu mente no es pequeño. Cada día que eliges seguir, estás restaurando un muro invisible, pero eterno.

No permitas que las pequeñas voces ni los grandes temores te hagan bajar. Hoy Dios te dice, como a Nehemías: «No bajes, tu enfoque está edificando algo eterno, porque lo que estás levantando en lo secreto, pronto será testimonio en lo visible».

Verdades que transforman

- La emoción inicia el cambio, pero la disciplina lo consolida.
- Perseverar es volver a elegir lo correcto, incluso cuando no lo sientes.
- Una mente enfocada no se rinde, se reorienta.
- Dios está más interesado en tu constancia que en tu rapidez.
- Cada paso cuenta, cada decisión firme suma.

Preguntas para meditar

1. ¿Qué ha intentado desenfocar mi mente en este proceso?
2. ¿Estoy celebrando los avances o solo me concentro en lo que falta?
3. ¿Qué decisión puedo tomar hoy para perseverar con más firmeza?

Acción del día

Toma diez minutos y haz una lista de las principales distracciones que han intentado sacarte del proceso de renovación. Luego, al lado de cada una, escribe una acción concreta para enfrentarlas (reducir tiempo, priorizar, cambiar un hábito, buscar apoyo).

Guarda esta lista como recordatorio de que *una mente enfocada es una mente que vence*.

Declaración de fe

«Hoy renuevo mi decisión de avanzar. Mi enfoque permanece firme en Cristo».

Oración del día

«Señor, en medio del cansancio y la distracción, renueva hoy mi enfoque. Ayúdame a mantenerme firme en lo que estás construyendo en mí, sin ceder ante la duda ni el desánimo. Fortalece mi corazón para perseverar, aun cuando no vea resultados inmediatos. Como Nehemías, decido no bajar de lo que tú me llamaste a edificar. Gracias porque cada paso que doy contigo tiene propósito. En el nombre de Jesús, amén».

Cada día de perseverancia fortalece tus convicciones. Mañana descubriremos cómo caminar con firmeza sin volver atrás, consolidando lo que Dios ya ha transformado en ti.

Día 27

Compartiendo nuestro testimonio de transformación

Cuando compartes tu testimonio, el milagro se multiplica.

Una mente renovada no solo transforma nuestra vida interior, sino que también transforma lo que decimos y compartimos. El testimonio de un vencedor es más que una historia: es una declaración viva del poder de Dios obrando en lo cotidiano. Es la evidencia de que la verdad puede desarraigar mentiras, la fe puede vencer la duda y la gracia puede redimir el pasado.

No se trata de tener una historia perfecta o espectacular, sino de saber reconocer lo que Dios ha hecho en nuestro interior y contarlo con humildad y claridad. Cada proceso, cada paso, cada pensamiento transformado es parte de un testimonio valioso. Y cuando lo compartimos no solo honramos a Dios, sino que abrimos puertas para que otros descubran que la transformación también es posible para ellos. Contar tu testimonio no es hablar del pasado, es confirmar quién eres hoy en Cristo.

«Venid y oíd, todos los que teméis a Dios, y contaré lo que ha hecho a mi alma».

Salmos 66:16

Compartir lo que hemos vivido es afirmar que la obra de Dios en nosotros es real, que no ha sido un momento aislado, sino una renovación profunda y progresiva que sigue en marcha. Cuando recuerdas lo que Dios ha hecho, fortaleces tu fe; cuando lo cuentas siembras esperanza en otros.

Compartir tu testimonio no es solo un acto de gratitud, es una estrategia espiritual. En Apocalipsis 12:11 se nos revela que vencieron «por medio de la sangre del Cordero y de la palabra del testimonio de ellos». No dice que vencieron solo por creer, sino también por hablar. Porque cuando testificas, sellas lo que Dios hizo, desenmascaras al enemigo y declaras que tu historia ya no le pertenece al pasado, sino al propósito de Dios. El silencio muchas veces mantiene vivos los temores, pero el testimonio expone la obra de Dios y abre camino a la libertad. Por eso, callar lo que Dios ha hecho, muchas veces es desperdiciar una semilla que podría dar fruto eterno en otros.

El poder del testimonio

Nuestro testimonio tiene un propósito más grande de lo que imaginamos:

- **Glorifica a Dios.** No hablamos de lo que hicimos, sino de lo que Él ha hecho: «Cantad entre los pueblos su gloria, en todos los pueblos sus maravillas» (Salmos 96:3).
- **Fortalece nuestra fe.** Recordar cómo Dios ha transformado nuestra mente nos ayuda a confiar más en Él: «Bendice, alma mía, a Jehová, y no olvides ninguno de sus beneficios» (Salmos 103:2).

- **Anima a otros en su proceso**. Nuestra historia puede ser la chispa que alguien necesita para comenzar su propio camino de transformación: «Y ellos le han vencido por medio de la sangre del Cordero y de la palabra del testimonio de ellos» (Apocalipsis 12:11).

Cada vez que testificas, estás abriendo una puerta. Una puerta para que otros conozcan a Dios, para que tu fe se fortalezca y para que el enemigo pierda influencia sobre tu pasado. Tu historia, contada con verdad y humildad, es una antorcha que puede iluminar el camino de alguien más. Así que no la escondas. Cuéntala. Porque lo que Dios hizo en ti puede multiplicarse en otros. Cada vez que compartes lo que Dios ha hecho, algo se mueve en lo espiritual: las tinieblas retroceden, el Reino avanza y el corazón de otro se abre.

Compartir tu testimonio no es solo una forma de dar gracias, es una forma de extender el Reino. No esperes tener todo resuelto para hablar de lo que Dios ha hecho. El testimonio más poderoso no es el de quien ya terminó el proceso, sino el de quien se atreve a contar su transformación mientras aún está siendo moldeado. Lo que Dios hace en lo secreto puede bendecir a muchos si lo revelas con humildad.

Ejemplo bíblico: la mujer samaritana

En Juan 4 Jesús se encuentra con una mujer cuya vida estaba marcada por la vergüenza, la soledad y el rechazo. Ella no buscaba a Dios, pero Dios la encontró. Y después de una conversación transformadora su percepción cambió. Aquella mujer, que antes evitaba a los demás por miedo al juicio, se convirtió en una mensajera que corrió a su pueblo para decir: «Venid, ved a un hombre que me ha dicho todo cuanto he hecho. ¿No será este el Cristo?» (Juan 4:29).

Ella no esperó ser teóloga ni tener una vida perfecta. No compartió un sermón, compartió su experiencia. Y fue tan poderosa, que muchos creyeron en Jesús por lo que ella dijo. Su testimonio fue el canal de salvación para muchos; fue tan auténtico porque nació de una transformación interna, no de un guion aprendido. Jesús no solo le habló a su historia, sino que le devolvió dignidad, reordenó su identidad y le dio propósito. Eso fue lo que compartió: no una doctrina, sino una experiencia real con el Salvador. Ese mismo poder está hoy en ti. Quizás no tienes todas las respuestas pero, si Jesús te encontró, ya tienes algo que compartir. A veces, una sola frase sincera puede despertar más fe en otros que mil argumentos teológicos. No subestimes lo que Dios ha hecho en ti, tu historia es una semilla que el cielo puede usar para transformar muchas vidas. Así fue como ella se atrevió a hablar desde su experiencia y tú también puedes convertir tu encuentro con Jesús en una fuente de vida para otros.

Esta historia nos enseña que lo que Dios hace en nosotros no está diseñado para quedarse en silencio. Está diseñado para multiplicarse.

¿Cómo compartir tu testimonio de transformación?

Algunas claves para hacerlo de forma efectiva y significativa:

1. Recuerda tu proceso con honestidad. Reflexiona: ¿cómo era tu mente antes?, ¿qué pensamientos te gobernaban?, ¿qué hizo Dios en ti?

2. Sé auténtico y claro. No adornes tu historia. La verdad cruda, acompañada por la gracia de Dios, tiene más poder que cualquier relato dramatizado.
3. Alinea tu experiencia con la Palabra. Comparte versículos que respalden tu transformación. Ejemplo: «Porque no nos ha dado Dios espíritu de cobardía, sino de poder, de amor y de dominio propios» (2 Timoteo 1:7).
4. Hazlo relevante para otros. Escoge bien el momento, la persona y la necesidad. Que tu testimonio sea una respuesta, no solo una historia.
5. Invita a otros a vivir su propia transformación. No solo inspires, guía. Ofrece recursos, acompaña en oración, sugiere un devocional o una lectura que les ayude a empezar.

Verdades que transforman

- Cada testimonio es una semilla de fe.
- Recordar lo que Dios hizo, fortalece lo que creemos hoy.
- No necesitas una historia perfecta para impactar a alguien.
- Dios puede usar tu experiencia para cambiar la vida de otros.
- Tu testimonio es parte de tu propósito.

Preguntas para meditar

1. ¿Qué parte de mi proceso de transformación me gustaría compartir?

2. ¿A quién podría inspirar mi testimonio esta semana?
3. ¿Estoy viendo mi historia como un tesoro que otros necesitan?

Acción del día

- Escribe tu testimonio en tres partes: cómo pensabas antes, cómo fue tu encuentro con la verdad y cómo vives hoy con una mente renovada.
- Busca a alguien con quien compartirlo esta semana. No lo guardes.
- Publica una frase, versículo o testimonio corto en redes sociales. No sabes a quién puede bendecir.

Declaración de fe

«Hoy comparto mi testimonio para glorificar a Dios y fortalecer a otros».

Oración del día

«Señor, gracias por la transformación que has obrado en mí. No quiero guardarla en silencio. Hoy me comprometo a compartir lo que has hecho con gratitud, sencillez y valentía. Haz de mi historia una semilla que otros puedan recibir como esperanza. En el nombre de Jesús, amén».

Compartir tu testimonio no solo honra a Dios: siembra fe para que otros también crean y conquisten su propia victoria. Mañana veremos cómo vivir cada día con una mente renovada y activa.

Día 28

Cómo vivir con una mente renovada cada día

La renovación de la mente no es una meta que se alcanza, sino una dirección que se elige a diario.

Vivir con una mente renovada es elegir cada día alinearse con la mente de Cristo, no con los patrones que una vez nos esclavizaron. Un verdadero vencedor no solo experimenta momentos de transformación, sino que aprende a sostener su nueva mentalidad a través de decisiones diarias. La renovación no es un evento emocional que ocurre de vez en cuando, sino un estilo de vida construido sobre hábitos constantes y elecciones intencionales.

Es fácil comenzar con fuerza cuando todo parece nuevo y emocionante, pero con el paso del tiempo, la rutina, las voces internas y los ataques del enemigo intentan recuperar el terreno perdido. Los viejos pensamientos regresan disfrazados de lógica, costumbre o comodidad. En ese momento, lo que demuestra que realmente vivimos con una mente renovada no es la inspiración, sino la constancia.

«No desmayamos; antes aunque este nuestro hombre exterior se va desgastando, el interior no obstante se renueva de día en día».

2 Corintios 4:16

La buena noticia es que no estamos solos en este proceso. Dios no solo despierta en nosotros el deseo de transformación, sino que también nos da la capacidad para sostenerla. Él nos acompaña, nos recuerda y nos fortalece. Pero también nos invita a cooperar con esa obra sembrando disciplina, creando entornos saludables y aferrándonos a lo que ya hemos aprendido.

Jesús no dijo: «El que conoce la verdad será libre», sino: «Si permanecéis en mi palabra, seréis verdaderamente mis discípulos; y conoceréis la verdad, y la verdad os hará libres» (Juan 8:31–32). La libertad no llega por un conocimiento fugaz, sino por una permanencia constante en su Palabra. Renovar la mente no es solo entender la verdad de Dios un día, es volver a ella cada mañana, meditarla, repetirla y dejar que moldee lo que pienso, lo que creo y cómo reacciono. Esa permanencia forja convicciones que resisten los ataques del pasado.

A veces sentimos que fallar en este proceso nos descalifica. Pero Pablo lo dijo con claridad: «Porque Dios es el que en vosotros produce así el querer como el hacer, por su buena voluntad» (Filipenses 2:13). No se trata solo de tu fuerza de voluntad, sino de cooperar con la gracia activa de Dios que ya está trabajando en ti. Cada vez que eliges renovar tu mente, estás respondiendo a un impulso del Espíritu y aunque parezca un esfuerzo pequeño, Dios honra cada paso de fe sostenido con constancia.

Principios clave para vivir con una mente renovada

La renovación no se sostiene en buenas intenciones, sino en prácticas concretas que se repiten con intención. Estos principios no solo fortalecen tu mentalidad, sino que te permiten vivir diariamente con enfoque y claridad espiritual.

1. **Un vencedor entiende que la renovación es un proceso diario**. Declara cada mañana: «Hoy decido renovar mi mente y caminar en la verdad de Dios» (Romanos 12:2).
2. **Un vencedor llena su mente con la Palabra de Dios**. Escoge un versículo y medítalo a lo largo del día: «La gente no vive solo de pan, sino de cada palabra que sale de la boca de Dios» (Mateo 4:4).
3. **Un vencedor filtra lo que entra en su mente**. Evalúa lo que consumes en redes, conversaciones y medios (Filipenses 4:8).
4. **Un vencedor habla en fe y con gratitud**. Declara: «Creo en las promesas de Dios. Mi mente es renovada y firme» (Proverbios 18:21).
5. **Un vencedor mantiene una vida de oración constante**. Tómate pausas intencionales para orar brevemente durante el día (1 Tesalonicenses 5:17).
6. **Un vencedor se rodea de personas que refuercen su fe**. Comparte con alguien lo que Dios está haciendo en tu vida (Proverbios 13:20).

Estos principios no deben ser vistos como tareas pesadas, sino como prácticas que te conectan con la vida abundante que Dios ha diseñado para ti. Con el tiempo, lo que hoy parece un esfuerzo se convertirá en un reflejo natural de tu nueva identidad en Cristo.

Ejemplo bíblico: Josué, sosteniendo la renovación en la tierra prometida

Cuando Josué asumió el liderazgo de Israel, no solo enfrentaba gigantes en la tierra, sino pensamientos en la mente del pueblo: miedo, duda, nostalgia por Egipto. Pero Dios le dio una clave para sostener el avance: meditar en la Palabra de día y de noche (Josué 1:8). No bastaba con haber salido de Egipto; ahora necesitaban renovar su manera de pensar cada día para conquistar lo que Dios ya les había entregado.

Josué entendió que una mente renovada no se sostiene por emoción, sino por repetición. Por eso les repetía al pueblo: «Esfuércense, sean valientes... no se aparten de este libro» (Josué 1:6-9). Sabía que las batallas externas no se ganarían sin claridad interna. Y fue esa mentalidad la que lo mantuvo firme frente a murallas, derrotas momentáneas y decisiones estratégicas.

Como Josué, tú también puedes vivir con una mente renovada en medio de retos diarios. La clave no es sentirte fuerte todo el tiempo, sino sostener lo que Dios ya te habló. Cuando decides volver a su verdad cada día, tu mente deja de ser terreno de confusión y se convierte en campo fértil para la fe.

Esa es la batalla real: mantener la mente alineada con Dios mientras caminamos en la tierra. Porque no conquistamos con fuerza física, sino con pensamientos firmes en la Palabra. Cuando decides perseverar en lo que Dios dijo, aunque todo a tu alrededor parezca contradictorio, estás venciendo como Josué: no solo entras en la promesa, la habitas con autoridad.

Verdades que transforman

- La renovación de la mente no es un evento, es un hábito.
- Lo que alimento en mi interior determina mi realidad exterior.
- Dios me ha dado el querer y el hacer: tengo el deseo y el poder.
- Una mente renovada se fortalece con oración, gratitud y comunidad.
- Cada pensamiento alineado con Dios me acerca a vivir como un vencedor.

Preguntas para meditar

1. ¿Estoy tratando la renovación como un momento o como un estilo de vida?
2. ¿Qué hábitos necesito fortalecer para consolidar mi mentalidad renovada?
3. ¿Cómo puedo ayudar a otros a vivir con una mente renovada?

Acción del día

Haz una lista de cinco pensamientos que han cambiado en ti desde que comenzaste este proceso. Luego comparte uno con alguien de confianza y explícale cómo Dios transformó tu manera de pensar y qué hábitos sostienen esa transformación.

Declaración de fe

«Hoy decido vivir cada día con una mente renovada, anclada en la verdad de Dios».

Oración del día

«Señor, gracias porque me has llamado a vivir con una mente renovada cada día. Hoy decido mantenerme firme en tu verdad y no ceder ante los viejos pensamientos que intentan regresar. Ayúdame a filtrar lo que entra en mi mente, a hablar con fe y a caminar con la certeza de que en ti soy un vencedor. En el nombre de Jesús, amén».

La renovación constante no solo nos cambia: nos convierte en testigos vivientes de que sí es posible pensar como Cristo y vivir como vencedores. Una mente renovada puede ser frágil si no se protege. Mañana aprenderemos cómo blindarla frente a los patrones antiguos que buscan regresar. Porque así piensa un vencedor.

Día 29

Cómo evitar volver a los viejos patrones mentales

No puedes avanzar si vives mirando por el retrovisor.

Una mente renovada no se consolida el día que comienza a cambiar, sino el día que decide no volver atrás. El verdadero peligro para un vencedor no es la tentación externa, sino la posibilidad de mirar al pasado con nostalgia, de romantizar lo que antes nos ataba, o de pensar que «no era tan grave» lo que Dios ya venció. Volver a viejos patrones es una estrategia sutil del enemigo para desestabilizar lo que Dios ya comenzó.

Por eso, cada vez que el pasado intenta seducirte con sus sombras disfrazadas de comodidad o familiaridad, recuerda que la renovación de la mente también es una batalla espiritual. Algunos pensamientos disfrazados de nostalgia son, en realidad, anzuelos del enemigo para debilitar tu enfoque espiritual. Cada día es una decisión de mirar hacia lo eterno o quedar atrapado en lo que ya fue vencido.

Jesús fue enfático: «Ninguno que poniendo su mano en el arado mira hacia atrás, es apto para el Reino de Dios» (Lucas 9:62). Mirar atrás es detener el proceso de renovación. Es como un atleta que, a mitad de la carrera, duda de sus pasos y empieza a mirar hacia la línea de salida. Es olvidar cuán lejos nos ha traído Dios, y correr el riesgo de regresar a lo que nos enfermaba el alma.

«Sobre toda cosa guardada, guarda tu corazón; porque de él mana la vida».

Proverbios 4:23

Hoy vamos a aprender cómo cerrar definitivamente las puertas a lo viejo, cómo reconocer las señales de retroceso mental, y cómo afirmar nuestra nueva identidad con la convicción de quienes ya han sido liberados. Porque un vencedor no solo avanza, también sabe cómo no volver atrás.

El peligro de mirar atrás

Mirar atrás no siempre es evidente. A veces se disfraza de recuerdos «inofensivos», frases como «antes tenía más control», «cuando hacía esto me sentía mejor», o «era más fácil vivir sin tanta exigencia espiritual». Esas pequeñas concesiones mentales son el comienzo del retroceso. El pasado que una vez pediste dejar puede parecer atractivo cuando el presente es difícil. Pero si Dios te llamó a avanzar, es porque el pasado ya no tenía nada que ofrecerte.

El retroceso siempre comienza en la mente. El enemigo no puede deshacer tu salvación, pero sí puede debilitar tu convicción y si logra hacerte mirar atrás con afecto, puede hacerte soltar el avance. Por eso, Dios no solo te sacó de una vieja vida, sino que también te dio una nueva mente para habitar. La pregunta no es solo si saliste del lugar equivocado, sino si estás eligiendo vivir desde la verdad que te hizo libre. Volver a lo antiguo es como cerrar las puertas de una cárcel... y tirar la llave adentro. Nadie tropieza con cadenas rotas a menos que intente volver a recogerlas. Un vencedor, por el contrario, mira hacia adelante incluso cuando la mente le grita volver.

Ejemplo bíblico: la esposa de Lot - cuando el cuerpo avanza, pero la mente se queda atrás

La historia de la esposa de Lot es uno de los ejemplos más ilustrativos del poder destructivo de mirar hacia atrás. Dios, en Su misericordia, había decidido rescatar a la familia de Lot de la destrucción de Sodoma. La orden fue clara: «Escapa por tu vida; no mires tras ti, ni pares en toda esta llanura» (Génesis 19:17). Era una salida directa hacia un futuro diferente, una oportunidad de comenzar de nuevo, lejos del juicio que vendría sobre la ciudad.

Pero mientras todos huían, la esposa de Lot miró atrás. No solo giró el cuello: giró el corazón. En ese momento quedó convertida en estatua de sal (Génesis 19:26). Su cuerpo estaba en movimiento, pero su mente y su afecto seguían ligados a lo que había dejado atrás.

Lo que esta escena revela es que no basta con dejar una situación físicamente. Debemos dejarla también emocional y mentalmente. El error de la esposa de Lot no fue un simple reflejo, sino una expresión profunda de una mente que aún no había sido transformada, que aún se aferraba a lo familiar, incluso si ese pasado estaba contaminado.

Muchos creyentes hoy están avanzando «de cuerpo» —asisten a la iglesia, hacen devocionales, escuchan Palabra— pero su mente y su corazón siguen anclados a la antigua manera de vivir, pensar o desear. Como la esposa de Lot, han salido de Sodoma, pero Sodoma no ha salido de ellos. Dios no solo quiere llevarte fuera de un lugar; quiere que el lugar salga de ti. No basta con huir del pasado: hay que entregarlo, renunciar a él y decidir que ya no tiene ningún poder sobre tu nueva identidad en Cristo.

Cristo no solo te rescató del pasado, sino que también te capacitó para caminar en lo nuevo, sin volver atrás. Su gracia no solo te limpia: te fortalece para mantenerte firme cuando el pasado intenta hablar más fuerte que la verdad. La cruz no fue una salida de emergencia, fue la entrada a una nueva forma de vivir y pensar.

La esposa de Lot representa ese umbral peligroso entre avanzar por obediencia externa y avanzar con una mente rendida a Dios. Jesús no la mencionó como una advertencia aislada, sino como un recordatorio urgente para los tiempos finales. Porque en los días en que el Reino se está manifestando con poder, no hay espacio para mirar atrás. Esta historia no es solo memoria, es un llamado profético a que tu corazón no se quede donde Dios ya no está.

Claves para no retroceder y seguir creciendo

1. **Morir al yo para vivir en la verdad de Dios**. La mentalidad de un vencedor se forma cuando dejamos de negociar con nuestro viejo yo y abrazamos por completo la identidad de Cristo. «Con Cristo estoy juntamente crucificado, y ya no vivo yo, mas vive Cristo en mí» (Gálatas 2:20). Haz una lista de pensamientos, hábitos o actitudes que aún te jalan hacia el pasado. Escríbelos y reemplázalos con verdades bíblicas sobre tu nueva identidad.

2. **Llenar la mente con lo nuevo de Dios**. Jesús advirtió que cuando una casa se limpia; pero queda vacía, el enemigo regresa con más fuerza (Mateo 12:43-45). No basta con deshacerse de lo viejo: hay que llenar ese espacio con verdad, propósito y comunión. «Lámpara es a mis pies tu palabra, y lumbrera a mi camino» (Salmos 119:105). Escoge un versículo que te recuerde quién eres ahora en Cristo y medítalo cada día por una semana. Escríbelo en tu celular, espejo o diario.
3. **No negociar con la tentación**. Lo que dejamos a medias, tarde o temprano vuelve con más fuerza. La tentación no se tolera, se enfrenta con decisión. No podemos darle espacio a lo que Dios ya nos pidió soltar. «El que piensa estar firme, mire que no caiga» (1 Corintios 10:12). Identifica entornos, conversaciones o estímulos que reactivan tu vieja forma de pensar. Decide hoy alejarlos completamente de tu vida.

Consolidando una mentalidad de vencedor

Una mentalidad renovada no solo se cultiva, se protege con decisión. Para que lo nuevo de Dios eche raíces, hay que mantener el terreno limpio y bien cuidado. Estas acciones te ayudarán a consolidar lo que ya comenzó:

- **Cierra ciclos con determinación**. Ora por ellos, perdona, suelta, y no mires atrás.
- **Aliméntate de la Palabra**. No hay pensamiento transformado sin Escritura interiorizada.

- **Vive con propósito**. Un pensamiento sin acción coherente termina debilitándose.
- **Rodéate de verdad**. Amistades, contenido, conversaciones: todo debe apuntar hacia el Reino.
- **Declara lo que Dios dice de ti**. Aunque no lo sientas, dilo con fe hasta que tu mente lo asimile.

El avance no se sostiene con motivación, sino con enfoque. Si lo viejo intenta volver, que te encuentre más fuerte, más claro, y más comprometido con la verdad que te ha hecho libre.

Verdades que transforman

- Lo que Dios venció, yo no lo negocio.
- No puedo avanzar mirando al pasado.
- Mi mente es territorio conquistado por la verdad.
- Dios me sacó del ayer para mostrarme un mañana nuevo.
- Soy libre, y esa libertad merece ser protegida.

Preguntas para meditar

1. ¿Qué pensamientos o hábitos me están invitando a mirar atrás?
2. ¿Hay algo que necesito soltar definitivamente hoy?
3. ¿Cómo puedo reforzar mi nueva mentalidad con acciones concretas?

Acción del día

1. Haz un inventario sincero: ¿qué actitudes del pasado están volviendo con fuerza?

2. Reemplázalas con tres promesas bíblicas y repítelas durante el día.
3. Comparte con alguien tu decisión de no volver atrás. Pide oración o apoyo si es necesario.

Declaración de fe

«Hoy me desprendo del pasado y abrazo la nueva vida que Dios me ofrece».

Oración del día

«Señor, gracias por haberme sacado de lo que me detenía. No quiero volver a los pensamientos que me esclavizaban, ni permitir que las viejas mentiras se instalen de nuevo en mi corazón. Hoy cierro todo ciclo, toda puerta, toda conversación que me conecta con el pasado. Llena mi mente con tu verdad, fortalece mi enfoque y afírmame en tu propósito. En el nombre de Jesús, amén».

Mañana construiremos juntos una mentalidad fuerte y resiliente. Porque el objetivo no es solo no retroceder, sino avanzar con firmeza en todo terreno. Así piensa un vencedor. Si no aprendemos a mirar hacia adelante, volveremos a lo que una vez nos ató.

Día 30

Viviendo con propósito: la renovación como estilo de vida

El mayor peligro no es volver atrás, sino conformarse con quedarse a mitad del camino.

Renovar la mente no es solo entender una verdad, es aprender a vivir desde ella cada día. Porque en el Reino de Dios, transformación no es información aprendida, sino identidad asumida. Por eso, este proceso no termina cuando cierras un capítulo, sino cuando decides caminar desde lo que Dios te ha revelado. La victoria empieza en la mente, pero se sostiene en la obediencia diaria. Cada proceso tiene un cierre; pero en el Reino de Dios todo cierre es a la vez un nuevo comienzo. Lo que has vivido hasta hoy no fue solo una serie de enseñanzas, ejercicios o reflexiones. Ha sido un despertar, una restauración progresiva de tu forma de pensar para alinearla con la verdad de Dios.

Quizá empezaste esta jornada con pensamientos de derrota, con una identidad marcada por el pasado, o simplemente con una mente distraída por los afanes del mundo. Pero a lo largo de estos días Dios ha sembrado en ti una nueva perspectiva: la de un vencedor. Has sido guiado a renovar tu mente, a identificar mentiras, sembrar verdad y vivir cada pensamiento desde la perspectiva del cielo.

«Porque somos hechura suya, creados en Cristo Jesús para buenas obras».

Efesios 2:10

Ahora que has avanzado llega una pregunta crucial: ¿cómo convertir esta renovación en un estilo de vida? Porque no se trata solo de haber completado un libro, sino de comenzar a caminar diferente. Vivir como un vencedor es más que un momento de inspiración: es una decisión diaria, un compromiso a largo plazo con el propósito de Dios.

Un llamado a vivir con propósito

Has recorrido un camino de treinta días, pero lo más importante no es que llegaste hasta aquí, sino lo que vas a hacer a partir de ahora. Un vencedor no se define solo por lo que supera, sino por cómo vive después de la batalla. El verdadero propósito de este proceso no era solo ayudarte a renovar tu mente, sino enseñarte a sostener esa renovación como un estilo de vida.

Vivir con una mente renovada no es solo pensar diferente, sino actuar diferente: decidir diferente, vivir desde un lugar de propósito y no desde la reacción a las circunstancias. Es dejar de ir por la vida sobreviviendo a los pensamientos y comenzar a liderarlos con la verdad.

Este es el momento de afirmar tu compromiso con lo que Dios ha comenzado en ti. No vuelvas a los ciclos mentales del pasado, no te detengas en los avances momentáneos. Haz de la renovación una convicción diaria, no una emoción pasajera. Dios no te trajo hasta aquí para que retrocedas, sino para que avances con firmeza, para que tu vida se convierta en testimonio, en influencia, en luz.

Porque tu renovación no es solo para ti. Es para que puedas reflejar el carácter de Cristo, transformar tu entorno y ser instrumento de cambio donde Dios te ha plantado. El mundo necesita personas que piensen con la mente de Cristo, que vivan con un enfoque eterno y que no se dejen moldear por la corriente de este siglo.

Así que hoy te hago una invitación más profunda: no te quedes solo en la inspiración; comprométete. No te conformes con pensar diferente: actúa desde esa nueva mentalidad. Tu victoria comienza en la mente, pero se manifiesta en cada decisión que tomas.

No fuiste renovado para volver al punto de partida, sino para establecer un nuevo punto de referencia para tu vida. Lo que antes te dominaba ya no tiene autoridad sobre ti. El poder de la cruz no solo perdona tu pasado, sino que rediseña tu manera de pensar. Hoy el cielo te llama a caminar como alguien que ha sido reprogramado con la mente de Cristo. No eres rehén de tu historia, sino portador del propósito eterno de Dios. Cada pensamiento alineado con su verdad es una semilla de transformación para ti y para otros a través de ti.

«Porque somos hechura suya, creados en Cristo Jesús para buenas obras, las cuales Dios preparó de antemano para que anduviésemos en ellas».

Efesios 2:10

Ya no caminas a tientas: fuiste creado con intención, diseñado para obras específicas que se activan cuando tu mente se renueva. Hoy se rompen ciclos de confusión y se levantan rutas de claridad. El Espíritu Santo no solo te ha revelado una nueva manera de pensar, sino que te está equipando para sostenerla. Este no es el fin del proceso, es el inicio de un estilo de vida sobrenatural.

Haciendo de la renovación un estilo de vida

Para que esta transformación no se disuelva en la rutina necesitas sostenerla con acciones concretas, intencionales y consistentes. Aquí te comparto cinco principios clave:

1. **La renovación es una decisión diaria**. No basta con haber sido transformado, necesitas confirmar cada día que quieres seguir viviendo en esa transformación. Es elegir conscientemente la verdad de Dios frente a las mentiras que el mundo intentará volver a plantar. «Este es el día que hizo Jehová; nos gozaremos y alegraremos en él» (Salmos 118:24). Al despertar, declara en voz alta: «Hoy decido renovar mi mente con la verdad de Dios y vivir conforme a su propósito».
2. **Filtra lo que entra en tu mente**. No todo lo que oyes o ves te edifica. Una mente renovada se protege como un jardín: se limpia, se cultiva, se cuida con esmero. «Sobretoda cosa guardada, guarda tu corazón; porque de él mana la vida» (Proverbios 4:23). Evalúa el contenido que consumes a diario y pregúntate: «¿Esto me acerca a la verdad de Dios o me contamina con pensamientos que me alejan de Él?».

3. **Rodéate de personas que refuercen tu fe**. El entorno que te acompaña moldea tu enfoque. No puedes mantener una mentalidad de vencedor si vives rodeado de voces que cultivan la queja, el miedo o la incredulidad. «El hierro con hierro se aguza; y así el hombre aguza el rostro de su amigo» (Proverbios 27:17). Busca una comunidad de fe, una relación de mentoría o al menos un amigo con quien puedas compartir lo que Dios está haciendo en ti.
4. **Aplica lo aprendido con determinación**. El conocimiento sin acción es ilusión. Cada verdad revelada debe transformarse en práctica. No solo leas, haz. No solo declares, vive. «Pero sed hacedores de la palabra, y no tan solamente oidores, engañándoos a vosotros mismos» (Santiago 1:22). Haz una lista de tres decisiones nuevas que vas a implementar desde hoy. Comprométete con ellas y revísalas cada semana.
5. **Permanece en la presencia de Dios**. No hay renovación sin relación. La comunión con Dios es el oxígeno de la mente transformada. Es ahí donde se renuevan tus fuerzas, se aquieta tu alma y se alinea tu perspectiva. «El que habita al abrigo del Altísimo morará bajo la sombra del Omnipotente» (Salmos 91:1). Dedica un espacio fijo diario para orar, meditar y silenciar el ruido del mundo. La presencia de Dios es tu refugio y tu fuente de renovación.

Ejemplo bíblico: Josafat, cuando el propósito vence al impulso

El rey Josafat tenía poder, recursos y un ejército fuerte. Pero lo que lo distinguió no fue su capacidad militar, sino su manera de pensar. En medio de una amenaza que superaba sus fuerzas, hizo algo poco común para un rey: en lugar de confiar en estrategias humanas, consultó al Señor y convocó a todo el pueblo a buscar a Dios (2 Crónicas 20:3-4).

La oración que hizo revela una mente renovada: reconoció su debilidad, exaltó el poder de Dios y se negó a tomar decisiones apresuradas sin dirección divina. No reaccionó por miedo, actuó con propósito y, como resultado, Dios le dio una estrategia inusual: no pelearían con espadas, sino con adoración.

Josafat entendió que una mente transformada no solo piensa diferente, vive desde la dependencia diaria de Dios. Su victoria no fue producto de un impulso emocional, sino de una mentalidad espiritual madura que sabía esperar, confiar y obedecer. Su historia nos recuerda que el estilo de vida del vencedor comienza cada día de rodillas, con la convicción de que Dios es quien dirige nuestros pasos.

Josafat nos muestra lo que pasa cuando una mente renovada consulta primero al cielo. En tiempos de presión, no actuó desde la lógica, sino desde la rendición. Esa es la diferencia entre reaccionar y vivir con propósito; cuando el primer paso es buscar a Dios, cada batalla se convierte en oportunidad para ver su poder.

Hoy el Señor te recuerda: no retrocedas, no reacciones. Adora, pregunta, espera y avanza solo con dirección del cielo. Porque el vencedor no es el que tiene más fuerza, sino el que sabe quién pelea por él. Un vencedor no camina por impulso, sino guiado por la presencia de Dios. Esa es la diferencia entre reaccionar y reinar.

Verdades que transforman

- La renovación no es una meta, es un camino que se recorre todos los días.
- Lo que alimenta mi mente moldea mi vida.
- La transformación no es momentánea, es una disciplina espiritual.
- Dios me ha dado poder para mantenerme firme en lo aprendido.
- Mi propósito se activa cuando decido caminar en la verdad.

Preguntas para meditar

1. ¿Qué hábitos necesito establecer para vivir con una mente renovada?
2. ¿Con quién puedo compartir este proceso para crecer en comunidad?
3. ¿Qué decisiones debo tomar hoy para no retroceder?

Acción del día

Escribe una declaración personal de compromiso con tu nueva mentalidad. Este manifiesto será tu ancla en los días difíciles y tu recordatorio en los días de duda. Ejemplo de manifiesto:

«Hoy decido vivir con una mente renovada. Mis pensamientos estarán alineados con la verdad de Dios y no con las mentiras del mundo. No me conformaré con los viejos patrones, sino que permitiré que la Palabra de Dios moldee mi forma de pensar. Perseveraré en la oración, en la fe y en la comunión con Dios. Viviré con propósito sabiendo que fui creado para glorificar a Dios con mi mente y mi vida. En Cristo soy libre y renovado, amén».

Declaración de fe

«Hoy hago de la renovación de mi mente un estilo de vida que glorifica a Dios».

Oración del día

«Señor, gracias porque me has guiado en este proceso de renovación. Hoy decido vivir con una mente alineada con tu verdad y no con los patrones de este mundo. Ayúdame a caminar en este propósito cada día, a perseverar en tu Palabra y a vivir en la libertad que Cristo me ha dado. Que mi vida refleje tu gloria y que mis pensamientos estén firmes en ti. En el nombre de Jesús, amén».

Hoy comienzas una vida de renovación. Mañana veremos cómo esa mentalidad transforma cada área de tu mundo.

Día 31

Mentalidad de victoria en lo espiritual

Tu mente necesita alimento, pero tu espíritu necesita conexión. Donde el espíritu se debilita, la batalla se pierde desde dentro.

La verdadera victoria no se construye desde la mente hacia el espíritu, sino desde el espíritu hacia la mente. Porque si tu espíritu está apagado, tu pensamiento se debilita y tus decisiones se desordenan. Jesús mismo lo dijo en Getsemaní: «El espíritu está dispuesto, pero la carne es débil» (Mateo 26:41). Esa frase no solo describe una lucha puntual, sino una verdad permanente: tu espíritu debe estar despierto para que tu mente permanezca firme. Todo lo que has sembrado estos días en tu pensamiento se sostiene solo si tu espíritu permanece conectado a Dios. Porque cuando el espíritu lidera, la mente encuentra dirección y desde ahí comienza la verdadera batalla: la de sostener lo sembrado hasta que se convierta en fruto.

Cuando tu espíritu permanece encendido, tu mente encuentra dirección, tu voluntad se alinea y tus emociones se aquietan. No es solo cuestión de pensar bien, sino de permanecer conectado a la fuente de toda verdad. Una mente renovada no nace del esfuerzo propio, sino de la comunión diaria con Dios. Por eso, la verdadera victoria comienza en lo secreto, cuando eliges buscar a Dios antes que actuar, rendirte antes que reaccionar y escuchar su voz antes que dejarte llevar por tus pensamientos.

La mente renovada no es el punto de llegada, sino la plataforma desde la cual enfrentamos las verdaderas batallas de la vida. Y toda batalla real —aunque se manifieste en lo emocional, relacional o material— comienza en el espíritu.

Un verdadero vencedor sabe que la victoria no se mide solo por logros visibles, sino por la firmeza con la que se sostiene espiritualmente cuando nadie lo ve. La vida en Cristo no se sostiene con frases motivacionales ni con buena voluntad, sino con una conexión profunda, constante e intencional con Dios.

Cuando nuestra vida espiritual se debilita, nuestra mentalidad se agrieta. Nos volvemos más vulnerables al miedo, a la duda, a la confusión. Y ahí es donde muchas caídas comienzan: no por una mentira grande, sino por una desconexión silenciosa. Cuando dejas de alimentarte espiritualmente, los pensamientos que Dios renovó comienzan a diluirse. Pero cuando el espíritu está vivo, la mente se ilumina. No necesitas tener todas las respuestas si permaneces unido a aquel que guía cada paso. Como dice Isaías 30:21: «Entonces tus oídos oirán a tus espaldas palabra que diga: Este es el camino, andad por él». La mentalidad de un vencedor no es fruto de fuerza propia, sino de comunión continua con el Espíritu Santo.

Por eso, la mentalidad de victoria empieza y se sostiene en el espíritu. No se trata solo de pensar bien, sino de vivir alineados con Dios, de depender de su presencia y de su poder en cada paso.

«Mas a Dios gracias, el cual nos lleva siempre en triunfo en Cristo Jesús...».

2 Corintios 2:14

Hoy es el día para reconocer dónde estás espiritualmente y volver a tu fuente: Dios. No sigas corriendo con tus propias fuerzas cuando puedes caminar sostenido por el Espíritu Santo.

Ejemplo bíblico: Moisés, cuando la victoria se decide en secreto

Moisés enfrentó desafíos imposibles: libertar a un pueblo esclavo, liderar en el desierto, tomar decisiones bajo presión. Pero nunca confió en su habilidad, sino en la presencia de Dios. En Éxodo 33:15, dijo con convicción: «Si tu presencia no ha de ir conmigo, no nos saques de aquí».

Esta frase resume el corazón de un vencedor: no quiero avanzar si Dios no va conmigo. No quiero una victoria sin su presencia. No quiero éxito si mi espíritu está seco. Moisés sabía que sin esa conexión espiritual todo lo demás sería superficial.

Su historia nos recuerda que la victoria espiritual no es opcional: es esencial.

Moisés entendía algo que muchos olvidan: la fuerza espiritual no se improvisa en medio de la crisis, se cultiva en la intimidad. Su insistencia por la presencia no era una reacción emocional, era el fruto de una relación profunda. Había conocido la gloria de Dios en lo secreto y por eso no podía conformarse con una vida vacía en lo público. Esa es la marca del vencedor: uno que ha probado la presencia de Dios y ya no se conforma con nada menos. Hoy, Dios te hace la misma invitación: ¿vas a avanzar en tus fuerzas o vas a detenerte hasta estar lleno de su Espíritu? Porque solo el que camina con Dios puede sostenerse en medio de lo imposible.

¿Cómo desarrollar una mentalidad de victoria en lo espiritual?

1. **Reconoce que la verdadera batalla es espiritual**. Si solo intentas ganar en lo externo, sin fortalecer tu interior, tarde o temprano colapsarás. Como dijo Pablo: «nuestra lucha no es contra carne ni sangre, sino contra fuerzas espirituales...» (Efesios 6:12). Antes de reaccionar a una situación difícil, ora. Recuerda que tu enemigo no es la persona, sino la mentira que intenta dividirte de Dios.
2. **Mantén una vida de oración activa, no reactiva**. La oración no es solo un recurso de emergencia, sino una disciplina que te fortalece desde dentro. Jesús oraba aun cuando no había crisis. Establece un horario fijo para orar. No importa si son cinco minutos, lo importante es que sean intencionales.
3. **Llena tu mente con la Palabra de Dios cada día**. La Biblia no es un libro para leer de vez en cuando; es el alimento diario de tu fe. Jesús respondió a la tentación con «Escrito está» (Mateo 4:4). Memoriza un versículo por semana y decláralo en voz alta cada mañana.
4. **Depende del Espíritu Santo, no de tu fuerza**. No se trata de ser fuerte, sino de estar conectado. Como dijo Zacarías: «No con ejército, ni con fuerza, sino con mi Espíritu» (Zacarías 4:6).

Antes de cualquier decisión importante, haz una oración corta: «Espíritu Santo, guíame».

5. **Haz de la adoración tu atmósfera espiritual.** La adoración cambia el ambiente interior. Te recuerda quién es Dios y te saca del ruido del miedo. Crea una lista de reproducción con canciones que te conecten con Dios y escúchalas mientras trabajas o haces tus rutinas.

Verdades que transforman

- La batalla se gana primero en el espíritu, luego en la mente y en la acción.
- No puedo tener una mente renovada si descuido mi vida espiritual.
- La oración y la Palabra son armas, no rituales.
- El Espíritu Santo es quien me fortalece, no mi esfuerzo personal.
- Una mente fuerte nace de una comunión profunda con Dios.

Preguntas para meditar

1. ¿Estoy peleando mis batallas desde lo espiritual o desde mis emociones?
2. ¿He descuidado mi tiempo con Dios? ¿Cómo puedo restaurarlo?
3. ¿En qué área necesito depender más del Espíritu Santo?

Acción del día

1. Escribe un compromiso espiritual que asumirás esta semana (por ejemplo: levantarme diez minutos antes para orar).
2. Elige un versículo que refuerce tu identidad espiritual y colócalo como fondo de pantalla o en un lugar visible.
3. Comparte con alguien qué ha sido lo más poderoso que has aprendido sobre la vida espiritual en este proceso de renovación.

Declaración de fe

«Hoy activo mi autoridad espiritual en Cristo. Soy más que vencedor en Él».

Oración del día

«Señor, hoy reconozco que sin ti nada puedo hacer. Fortalece mi espíritu, aviva mi oración y renueva mi hambre por tu Palabra. No quiero caminar por mis emociones, sino por tu verdad. Hazme fuerte desde adentro, para vivir con una mentalidad de victoria. En el nombre de Jesús, amén».

Has renovado tu forma de pensar, pero ahora es tiempo de renovar tu fuerza espiritual. La mente se entrena con verdad, pero el espíritu se fortalece en la presencia de Dios.

Día 32

Mentalidad de victoria en la identidad y el propósito

Cuando sabes quién eres en Cristo, ya no vives por aceptación, sino desde la aceptación.

Durante estas semanas de renovación hemos identificado pensamientos que nos debilitaban, confrontado mentiras arraigadas, sembrado verdades poderosas y fortalecido hábitos que transforman la manera en que percibimos la vida. Pero toda esta transformación mental necesita un ancla, un cimiento que la sostenga y le dé estabilidad: nuestra identidad en Cristo y el propósito eterno con el que fuimos creados.

Porque nuestra mente fue diseñada para alinearse con lo que creemos profundamente, y no hay verdad más poderosa que el hecho de que Dios te eligió antes de que nacieras, te llamó por tu nombre y te dio una identidad eterna. Como dijo el Señor a Jeremías: «Antes que te formara en el vientre te conocí y antes que nacieras te santifiqué» (Jeremías 1:5). Esa no fue solo una palabra para un profeta, es una revelación para todo hijo de Dios.

Tu origen no está en el rechazo humano, sino en la voluntad del padre; si Él te pensó con propósito, ninguna mentira tiene autoridad para definirte.

Una mente puede llenarse de verdades bíblicas y practicar hábitos saludables, pero si en su núcleo persiste una imagen distorsionada del «quién soy» y un vacío de «para qué fui creado», esa mente aún será vulnerable. Porque una persona que no sabe quién es dudará incluso de lo que cree. Y quien no tiene claro su propósito terminará perdiendo el rumbo, aunque tenga buenas intenciones.

Por eso, este día es decisivo. Aquí consolidamos lo que hemos venido construyendo. Porque, así como no se puede construir una casa sin cimentación firme, tampoco se puede vivir con una mente verdaderamente renovada si no se edifica sobre una identidad firme y un propósito claro.

Hoy el llamado es a mirar con valentía hacia adentro: deja de preguntarte «¿quién debería ser?» y empieza a abrazar la verdad eterna de quién ya eres en Cristo. A dejar de esperar un «gran momento» para vivir tu propósito y comenzar a caminar en obediencia diaria, sabiendo que cada paso con Dios es parte del plan.

> *«Pero vosotros sois linaje escogido, real sacerdocio, nación santa, pueblo adquirido por Dios, para que anunciéis las virtudes de aquel que os llamó de las tinieblas a su luz admirable».*
>
> **1 Pedro 2:9**

No se trata de lo que hiciste. No se trata de lo que otros dijeron de ti. Se trata de lo que Dios declaró sobre tu vida desde antes de que nacieras. Esa es tu verdadera identidad. Ese es tu verdadero norte. Y eso es lo que hoy afirmamos con convicción: que tu mente ya no será moldeada por el pasado ni por la opinión de los demás, sino por la verdad eterna del cielo.

El enemigo siempre atacará tu identidad, porque sabe que quien no conoce quién es tampoco sabrá hacia dónde va. Lo hizo con Jesús en el desierto —«Si eres Hijo de Dios...» (Mateo 4:3)—, pero Jesús no necesitó probar nada; su seguridad no estaba en lo que hacía, sino en lo que el Padre había declarado en el Jordán: «Este es mi Hijo amado» (Mateo 3:17). Esa es la clave para vencer: vivir desde la afirmación del cielo, no desde la presión de la tierra. Y para afirmarnos en esa transformación, necesitamos entender dos verdades que lo sostienen todo: quiénes somos y para qué fuimos creados.

La identidad en Cristo: el fundamento de un vencedor

Antes de actuar como vencedores, debemos pensar como tales. Y antes de pensar así, necesitamos saber quiénes somos realmente. La identidad espiritual es el eje sobre el cual gira nuestra mentalidad. Si esta está debilitada todo lo demás tambalea.

1. **Somos hijos de Dios, no huérfanos espirituales**. Nuestra victoria comienza cuando dejamos de actuar como quienes deben ganarse el amor de Dios y comenzamos a vivir como hijos que ya han sido amados, adoptados y afirmados por el Padre. «Nos predestinó para ser adoptados hijos suyos por medio de Jesucristo, según el puro afecto de su voluntad» (Efesios 1:5).
2. **No somos definidos por nuestro pasado**. No importa cuán doloroso haya sido tu ayer, si estás en Cristo eres una nueva criatura. No llevas etiquetas viejas, llevas el sello del cielo. «De modo que si alguno está en Cristo, nueva

criatura es; las cosas viejas pasaron; he aquí todas son hechas nuevas» (2 Corintios 5:17).

3. **No vivimos para la aprobación del mundo**. Si vives para agradar a las personas te desgastarás buscando aceptación. Pero cuando entiendes que tu identidad está en Dios la opinión de los demás pierde el poder de controlarte. «Pues si todavía agradara a los hombres, no sería siervo de Cristo» (Gálatas 1:10).

Cuando sabes quién eres, dejas de reaccionar a la vida y comienzas a caminar con autoridad. Tu identidad en Cristo no solo te da seguridad, sino que te da dirección. Es desde ahí donde nace una mentalidad verdaderamente vencedora.

El propósito: vivir con dirección y significado

Identidad sin propósito es estancamiento; propósito sin identidad es agotamiento. Por eso, es tan importante comprender que Dios no solo nos salvó, sino que nos asignó una misión. Una mentalidad de victoria necesita propósito. Porque quien no sabe para qué vive fácilmente se desvía.

1. **Fuimos creados con un propósito eterno.** No eres el resultado del azar. Fuiste planeado, amado y llamado antes de nacer. «Somos hechura suya, creados en Cristo Jesús para buenas obras» (Efesios 2:10).
2. **Nuestro propósito está conectado al Reino.** El mundo te dirá que busques tu sueño. Dios te dice: «Busca mi Reino». «Mas buscad primeramente el Reino de Dios y su justicia...» (Mateo 6:33).

3. **El propósito no es un destino: es una forma de vivir.** No esperes un «gran día» para sentir que estás cumpliendo tu llamado. Tu obediencia diaria también es parte del plan de Dios. «Y todo lo que hagáis, hacedlo de corazón, como para el Señor...» (Colosenses 3:23).

Tu propósito no es algo que alcanzarás algún día. Es algo que ya puedes comenzar a vivir hoy, con fidelidad, constancia y una mente alineada con el cielo. Esa es la vida de un verdadero vencedor.

Ejemplo bíblico: Jeremías y la identidad afirmada desde el cielo

Cuando Dios llama a Jeremías, él responde con inseguridad: «¡Ah, Señor Jehová! He aquí, no sé hablar, porque soy niño» (Jeremías 1:6). Su visión de sí mismo era limitada por su edad, su experiencia y su miedo. Pero Dios no le respondió destacando sus virtudes, sino reafirmando su identidad desde el cielo: «Antes que te formara en el vientre te conocí y antes que nacieras te santifiqué» (Jeremías 1:5).

Jeremías no necesitaba validación externa. Dios ya había definido su propósito mucho antes de que él lo entendiera y para asegurarlo, le dijo: «No digas: Soy un niño... porque a todo lo que te envíe irás» (Jeremías 1:5), y luego tocó su boca, dándole autoridad para hablar.

Su historia nos recuerda que la verdadera identidad no nace del pasado ni del entorno, ni de la opinión de los demás, sino de la voz de Dios. Cuando vivimos desde esa verdad, el propósito fluye con poder. Jeremías pasó de dudar de sí mismo a ser uno de los profetas más influyentes de la historia. Hoy, Dios también te dice: «Yo te formé. Yo te envío. Yo estoy contigo». Ese llamado sigue vivo; tu identidad está sellada desde la eternidad y tu propósito está respaldado por el cielo.

Cómo fortalecer tu identidad y caminar en tu propósito

- **Renueva tu mente con la Palabra**. Lee versículos sobre tu identidad en Cristo. Escríbelos. Repite lo que Dios dice de ti, no lo que tu pasado o el mundo afirman.
- **Rechaza la comparación**. Tu llamado no necesita parecerse al de nadie. Valora el proceso que Dios está construyendo contigo.
- **Haz de cada día una oportunidad para avanzar**. Vive con propósito hoy: sé excelente en tu trabajo, generoso con tus palabras, intencional con tus decisiones.
- **Descansa en la gracia, no en tu rendimiento**. No se trata de perfección, sino de obediencia. Dios no necesita que seas suficiente; solo que digas: «Aquí estoy».

Tu identidad es firme. Tu propósito es eterno. Además, tu camino está lleno de oportunidades para glorificar a Dios. Camina cada día con intención y verás cómo tu vida se transforma en una expresión de victoria continua.

Verdades que transforman

- No soy lo que hice, soy lo que Dios dice que soy.
- Mi propósito no es un sueño, es una misión divina.

- No necesito aprobación de otros cuando ya tengo la afirmación del cielo.
- La fidelidad diaria es parte del propósito eterno.
- No soy un sobreviviente, soy un hijo enviado a marcar la diferencia.

Preguntas para meditar

1. ¿Desde dónde estoy construyendo mi identidad: desde la verdad o desde la comparación?
2. ¿Estoy caminando en obediencia o esperando que algo «grande» suceda para sentir propósito?
3. ¿Qué puedo hacer hoy, de forma concreta, para vivir con intención?

Acción del día

- Escribe tres mentiras sobre tu identidad que has creído; al lado escribe una verdad bíblica que las contradiga.
- Declara en voz alta: «Mi identidad está en Cristo. Mi propósito está en el Reino. Y mi vida está alineada con el cielo».
- Haz una acción práctica hoy que refleje tu propósito: ora por alguien, ayuda, sirve o comparte tu fe.

Declaración de fe

«Hoy vivo desde mi verdadera identidad en Cristo, firme en mi propósito eterno».

Oración del día

«Señor, gracias porque me has dado una nueva identidad. Hoy renuncio a toda mentira que me robaba propósito y valor. Caminaré cada día con firmeza sabiendo que fui creado por ti, para ti y contigo. Afirma mi identidad en tu Palabra y dirige mis pasos hacia el propósito eterno que has diseñado para mí. En el nombre de Jesús, amén».

Has renovado tu mente, has restaurado tu enfoque y has sembrado la verdad en tu interior. Ahora es el momento de vivir en esa victoria, no solo en tu mente, sino en cada paso que des. Prepárate: en el siguiente tramo de este viaje aprenderás a caminar cada día como un verdadero vencedor, conquistando no solo tus pensamientos, sino tu propósito y tu mundo.

Reflexión final: renovando la mente

Este segundo momento no solo te enseñó a pensar diferente, sino a vivir con intención. Descubriste que renovar la mente no es inspiración pasajera, sino obediencia constante. Que la libertad en Cristo no se siente, se decide y se sostiene.

Enfrentaste batallas internas, desenmascaraste viejos pensamientos y aprendiste a caminar con nuevos hábitos, en una dirección clara. Ya no eres quien empezó este camino: ahora sabes que un vencedor piensa con el Reino y vive con propósito. ¿Estás listo para más?

MOMENTO 3

VIVIENDO EN VICTORIA

«Un vencedor vive lo que cree: no solo ha renovado su mente, sino que la alinea cada día con el propósito de Dios. Camina en libertad, ejerce su autoridad espiritual y transforma su entorno porque ya no vive desde la inseguridad, sino desde la plenitud de su identidad en Cristo».

Ya no eres el mismo que comenzó este camino. Has aprendido a identificar pensamientos que limitaban tu vida y a reemplazarlos por la verdad de Dios. Has cultivado una mentalidad renovada, y ahora es tiempo de vivir con propósito, con firmeza, con libertad. Este momento es la confirmación de que la transformación no era temporal, sino la puerta a una nueva manera de vivir. Es aquí donde tu fe se vuelve acción, tu paz se vuelve autoridad y tu identidad renovada se manifiesta en decisiones, relaciones y visión. Porque un vencedor no solo cambia cómo piensa, sino que cambia cómo vive. Ahora estás listo para una nueva etapa. No para pensar como un vencedor, sino para vivir como uno. Lo que comenzaste en lo secreto ahora se manifestará en lo visible.

LA VICTORIA NO ES SOLO UN RESULTADO: ES UN ESTILO DE VIDA QUE NACE DE UNA MENTE TRANSFORMADA POR LA VERDAD.

Día 33

La victoria como estilo de vida

La verdadera victoria no es un evento aislado: es el resultado de una mente que ha aprendido a creer todos los días.

Llegar hasta aquí no ha sido un simple recorrido: ha sido una transformación interior. Has renovado tu mente, fortalecido tu identidad y consolidado tu propósito. Pero ahora, Dios quiere más: que vivas esa victoria como un estilo de vida.

Vivir en victoria implica reconocer que, aunque las batallas externas puedan variar, la convicción interna permanece firme. La victoria no es una meta emocional que celebras por un momento y luego olvidas. No depende del ánimo ni de si las circunstancias son favorables o difíciles. La victoria no es solo una experiencia emocional; es una convicción permanente de que, en Cristo, caminas desde el propósito eterno, no desde la derrota.

La victoria no es una emoción que se siente, sino una posición que se habita. La Biblia no dice que algún día seremos vencedores si todo sale bien. Dice que «en todas estas cosas somos más que vencedores por medio de aquel que nos amó» (Romanos 8:37). Eso significa que incluso en medio del dolor, del proceso o del desierto, nuestra posición espiritual no cambia: estamos en Cristo y desde Él, vencemos. Esa verdad no depende de lo que sientas hoy, sino de lo que Dios ya hizo en la cruz.

El enemigo no puede cambiar tu posición en Cristo, pero sí intentará debilitar tu percepción. Por eso, una mente verdaderamente renovada es aquella que se alinea cada día con lo que Dios ya declaró. Como dice 1 Juan 5:4: «Todo lo que es nacido de Dios vence al mundo; y esta es la victoria que ha vencido al mundo, nuestra fe». No es una fe ocasional, sino una fe permanente, que decide creer aun cuando las circunstancias no cambian. Ahí comienza el estilo de vida de un verdadero vencedor: no en las victorias visibles, sino en una convicción profunda e inquebrantable.

Hay quienes asocian la victoria con una ausencia de problemas. Pero en el Reino el verdadero vencedor es quien ha sido procesado, confrontado, restaurado... y, aun así, sigue creyendo, sigue avanzando, sigue obedeciendo.

Este es el momento de dejar atrás la mentalidad de sobreviviente y asumir la mentalidad de hijo: heredero, llamado, firme. Porque la victoria de Cristo no fue temporal ni frágil. Fue definitiva, eterna y transferida a ti mediante la cruz.

Pablo, encarcelado injustamente junto a Silas en Filipos, no permitió que su estado físico determinara su mentalidad; a pesar de estar golpeados y encadenados ellos oraban y cantaban himnos a Dios en la prisión (Hechos 16:25). No esperaban ser liberados para celebrar la victoria; vivían en victoria aun dentro de la cárcel.

«Mas gracias sean dadas a Dios, que nos da la victoria por medio de nuestro Señor Jesucristo».

1 Corintios 15:57

Esta es la evidencia de una mente renovada: una mente que no necesita que cambien las circunstancias para caminar en la verdad de Dios.

Hoy Dios te llama a dejar atrás una vida de reacción, y a comenzar a caminar cada día con intención, autoridad y mentalidad de vencedor: no una vida perfecta, pero sí una vida firme; no una vida sin luchas, pero sí guiada por la verdad eterna. ¿Cómo se ve una mente que ha aprendido a vivir así cada día?

Cómo piensa un vencedor que vive en victoria

La mentalidad de un vencedor no se basa en lo que siente, sino en lo que cree profundamente. La manera en que piensas determina la forma en que enfrentas la vida. Aquí tienes un vistazo de cómo se ve una mentalidad que no solo fue renovada, sino establecida para permanecer.

- **Sabe que su victoria está en Cristo, no en sus fuerzas.** Un vencedor no se mide por sus emociones ni por sus logros visibles. Sabe que su victoria fue sellada en la cruz y vive desde esa convicción.
- **Actúa con propósito, no por impulso.** Si has renovado tu mente, no improvises; toma decisiones con discernimiento y pregúntate: ¿esto fortalece mi victoria o me hace retroceder?
- **No vive pendiente de la aprobación humana.** Un vencedor vive para agradar a Dios. Ya no necesita validación externa porque su identidad está afirmada en lo que Dios dice de él.

- **Responde con fe, incluso en medio de la presión**. No se deja llevar por la desesperación ni por el caos. Su confianza está anclada en la fidelidad de Dios.

Esta mentalidad no es teórica ni decorativa. Es práctica, profunda y poderosa. Y tú puedes vivir desde ella todos los días, porque fue diseñada para ser sostenida por la gracia de Dios.

Ejemplo bíblico: Caleb, el que no envejeció en su fe

Si quieres un ejemplo real de alguien que hizo de la victoria un estilo de vida, Caleb es un modelo brillante: cuando fue enviado como espía a la tierra prometida, no tuvo una mentalidad de temor sino de fe. Donde otros veían gigantes, él veía la promesa de Dios.

Pasaron más de cuarenta años y, aun así, Caleb no cambió su postura. En Josué 14:10-12, dijo: «Ahora he aquí, Jehová me ha hecho vivir [...] aún estoy tan fuerte como el día que Moisés me envió [...] dame, pues, ahora este monte».

No pidió lo fácil. No se lamentó por los años. No culpó a nadie. Siguió creyendo con la misma fuerza de cuando empezó. Caleb nos enseña que la victoria no es una emoción que se apaga con los años, sino una convicción que se fortalece con el tiempo. Su fe no se desgastó, se profundizó. Su esperanza no se volvió cínica, se volvió más precisa. Y su mentalidad no se diluyó, se consolidó. Ese es el poder de una mente firme en lo que Dios ha dicho.

Caleb no solo venció gigantes externos; también venció los que pudieron levantarse dentro de él: el desánimo del tiempo, la comparación y la amargura de los retrasos. Él no dejó que el paso de los años apagara su fe ni que las voces de incredulidad diluyeran su convicción. Su historia nos recuerda que vivir en victoria no depende de un entorno ideal, sino de una convicción sostenida por la fidelidad de Dios. Hoy, Dios también te pregunta: ¿sigue viva tu fe como el primer día? ¿Aún crees que puedes conquistar lo que Él te prometió? Porque la victoria no se hereda; se sostiene, y solo aquellos que perseveran con una fe intacta —como Caleb— verán el cumplimiento completo de lo que Dios habló.

Principios para tomar decisiones con mentalidad de victoria

1. **Consulta a Dios primero**. «Reconócelo en todos tus caminos, y él enderezará tus veredas» (Proverbios 3:6).
2. **Filtra tus decisiones por la Palabra.** «La palabra de Dios [...] discierne los pensamientos y las intenciones del corazón» (Hebreos 4:12).
3. **Busca consejo sabio**. «...en la multitud de consejeros hay seguridad» (Proverbios 11:14).
4. **Decide por fe, no por miedo**. «No nos ha dado Dios espíritu de cobardía, sino de poder» (2 Timoteo 1:7).
5. **Espera el tiempo de Dios**. «Los que esperan a Jehová tendrán nuevas fuerzas» (Isaías 40:31).

Verdades que transforman

- Vivo en victoria porque mi confianza está en Cristo, no en las circunstancias.
- Cada día es una nueva oportunidad para afirmar mi mentalidad de vencedor.
- Lo que pienso y declaro fortalece mi permanencia en la victoria.
- No busco la victoria: vivo desde ella, porque Cristo ya venció.

Preguntas para meditar

1. ¿Estoy viviendo cada día como un vencedor o solo en momentos de triunfo visibles?
2. ¿Qué verdades de Dios necesito afirmar más consistentemente para sostener mi estilo de vida de victoria?
3. ¿Qué patrones mentales debo confrontar para tomar decisiones como un vencedor?

Acción del día

Haz una revisión de tres decisiones recientes que hayas tomado. Escribe:

- ¿Cómo fue el proceso para tomarlas?
- ¿Consultaste a Dios o actuaste por impulso?
- ¿Qué aprendiste de cada una?
- Luego, ora y entrégale a Dios la próxima decisión que debes tomar.

Declaración de fe

«Hoy no vivo por lo que veo, sino por la certeza de la victoria que Cristo ya conquistó. Cada día afirmo más mi mente en la verdad de Dios».

Oración del día

«Señor, gracias porque en ti ya tengo la victoria. Hoy decido vivir cada día recordando tu obra consumada en la cruz. No permitas que mi mente se desvíe por lo que veo, sino que se aferre a tu verdad eterna. Haz de la victoria en Cristo mi estilo de vida, no un evento ocasional. En el nombre de Jesús, amén».

Mañana descubrirás cómo sostener una mente firme, aún en medio de la oposición más intensa. La victoria comienza en tu interior.

Día 34

Vencer la oposición con una mente firme

El que piensa desde la victoria no se detiene ante la oposición, porque ya ha decidido no volver atrás.

Decidir caminar en la verdad no solo activa promesas: también despierta resistencias. No hay victoria sin batalla ni propósito sin oposición. Jesús lo dijo claramente: «En el mundo tendréis aflicción, pero confiad, yo he vencido al mundo» (Juan 16:33). No prometió caminos fáciles, sino victoria asegurada para quienes perseveran en su verdad.

La oposición no siempre es una señal de que algo está mal; muchas veces es evidencia de que estás exactamente donde Dios te quiere. Cuando el pueblo de Israel salió de Egipto, no tardaron en aparecer el mar Rojo al frente y el ejército de Faraón atrás. Pero fue justo en esa escena donde Dios mostró su gloria. La oposición no impidió el avance, lo multiplicó y fue en ese cruce imposible donde Dios les enseñó que Él pelea por los suyos (Éxodo 14:14).

Del mismo modo, cuando Jesús fue llevado por el Espíritu al desierto, no fue para evitar oposición, sino para enfrentarla con una mente firme en la Palabra. El enemigo vino con tentaciones, pero Jesús respondió con lo que estaba escrito. No razonó con el diablo ni explicó su propósito: simplemente afirmó la verdad. «No solo de pan vivirá el hombre, sino de toda palabra que sale de la boca de Dios» (Mateo 4:4). Ese es el modelo de un vencedor: no quien evita la oposición, sino quien vence afirmado en lo que Dios ya habló.

Esta es una de las señales más claras de que estás avanzando: el enemigo empieza a inquietarse. Cuando eras pasivo espiritualmente, no había conflicto. Pero ahora que renuevas tu mente y decides avanzar, surgen obstáculos, críticas, distracciones y conflictos internos. No enfrentas oposición porque fallaste; enfrentas oposición porque avanzas en lo correcto.

«Tú guardarás en completa paz a aquel cuyo pensamiento en ti persevera; porque en ti ha confiado».

Isaías 26:3

Pero la oposición no tiene la última palabra. La tiene tu decisión. Porque la verdadera victoria no se mide por lo que enfrentas, sino por lo que decides creer mientras lo enfrentas. Vencer no significa no sentir el peso de la batalla; significa no soltar la espada de la verdad, aunque estés cansado.

Cuando la oposición llega, el vencedor no reacciona desde el miedo; responde desde su convicción. Así es como piensa alguien que ha decidido no retroceder.

Cómo piensa un vencedor en medio de la oposición

Un vencedor no vive reaccionando al ataque; vive respondiendo desde su convicción. Su mente está anclada en lo que Dios dijo, no en lo que las circunstancias gritan. Aquí algunas claves para no retroceder cuando la oposición se intensifica:

- **Recuerda de dónde te sacó Dios**. Cada vez que sientas que es más fácil rendirte, recuerda todo lo que Dios ya transformó en ti. No viniste hasta aquí para retroceder.
- **Afirma lo que ya ha sido sembrado en tu mente**. La oposición no cancela la verdad. Puede hacer ruido, pero no puede cambiar lo que Dios ha dicho. «El cielo y la tierra pasarán, pero mis palabras no pasarán» (Mateo 24:35).
- **No interpretes la resistencia como ausencia de Dios**. Muchos piensan: «Si hay dificultad, tal vez me equivoqué de camino». Pero en el Reino, muchas veces el camino correcto es el más resistido. «Porque se nos ha concedido no solo creer en Cristo, sino también sufrir por Él» (Filipenses 1:29).
- **Confía en que lo que estás enfrentando fortalecerá tu carácter**. Dios no desperdicia ninguna batalla. Todo lo que vives está formando algo dentro de ti. «Sabiendo que la prueba de vuestra fe produce paciencia» (Santiago 1:3).

El vencedor no es quien nunca duda, sino quien decide creer aún con lágrimas. Su mente permanece firme no porque todo sea fácil, sino porque ha decidido que Dios es digno de confianza aun cuando no entiende el proceso.

Ejemplo bíblico: Pablo, firme en la fe en medio de la oposición

Pablo no solo predicó la victoria en Cristo, la vivió en medio de intensas batallas. Su camino estuvo marcado por una oposición continua, pero jamás permitió que esa resistencia lo sacara de su propósito. Él sabía que no se podía avanzar en lo eterno sin enfrentar obstáculos en lo natural. Su fidelidad no se evidenció en lo cómodo, sino en lo adverso.

En 2 Corintios 11:23–28, Pablo enumera algunas de las cosas que enfrentó: fue encarcelado múltiples veces, azotado con violencia, apedreado, naufragó en varias ocasiones, pasó peligros en ríos y caminos, fue perseguido por judíos y gentiles, vivió traiciones, hambre, sed, frío y desnudez. Y a todo esto, se sumaba la carga diaria de cuidar espiritualmente a las iglesias que había fundado.

Pero en vez de usar esas heridas como excusa para rendirse, las convirtió en credenciales de fidelidad. Su dolor no lo quebró, lo afianzó. Su debilidad no lo detuvo, lo hizo depender más de Dios. Él mismo dijo: «Por tanto, me gozo en las debilidades, en afrentas, en necesidades, en persecuciones, en angustias por Cristo; porque cuando soy débil, entonces soy fuerte» (2 Corintios 12:10).

La vida de Pablo nos recuerda que la oposición no es señal de derrota, sino de avance. Su historia es un espejo para ti hoy: si estás enfrentando resistencia, no es porque estés fuera del propósito, sino porque estás caminando en él. Un vencedor no mide su victoria por la ausencia de lucha, sino por la fidelidad con la que se mantiene firme en lo que Dios le dijo. ¿Estás enfrentando oposición? No bajes los brazos. Recuerda que estás ocupado en una gran obra y no puedes abandonar el lugar donde Dios te puso.

Ejemplo bíblico: Nehemías y la reconstrucción en medio de la oposición

Nehemías no fue ajeno a la oposición: vivió ataques, burlas y conspiraciones mientras obedecía a Dios. Sin embargo, su enfoque fue su escudo. Nehemías tenía un llamado claro: reconstruir los muros de Jerusalén. Pero no tardaron en aparecer los enemigos: Sambalat, Tobías y otros que se burlaban, amenazaban y buscaban distraerlo. Ellos intentaron detener la obra de todas las formas posibles: con intimidación, con mentiras, con conspiraciones. Pero Nehemías respondió con firmeza: «...estoy ocupado en una gran obra y no puedo bajar» (Nehemías 6:3).

Él entendía que no debía negociar con la distracción ni dialogar con la intimidación. Sabía que su llamado no era pelear con sus enemigos, sino mantenerse fiel a la obra que Dios le había encomendado. Su enfoque lo protegió. Su discernimiento lo sostuvo. Y su fidelidad completó la obra.

Esta historia nos enseña que quien tiene la mente fija en el propósito no baja a discutir con la crítica. Un vencedor no responde con la carne, responde con enfoque. No pelea en todos los frentes, pelea en el que Dios le asignó. Y por eso, vence.

Claves para caminar en sanidad emocional con mentalidad de victoria

Sanar es dejar de vivir desde la herida para empezar a vivir desde la verdad.

- **Reconoce el dolor, pero no te aferres a él**. Sanar no es negar lo que pasó, es rendirlo.
- **Permite que Dios renueve tu forma de pensar**. No solo necesitas consuelo. Necesitas una nueva manera de ver.
- **Elige el perdón como una decisión diaria**. Perdonar es decir: «Esto ya no tendrá más poder sobre mí».
- **Rodéate de una comunidad que edifique tu fe**. Dios puede usar a otros para sostener tu proceso de restauración.

Verdades que transforman

- La oposición no borra la victoria; la fortalece.
- Una mente firme es el escudo contra el desgaste espiritual.
- La perseverancia en la verdad sostiene mi paz.
- Lo que enfoco define el propósito.

Preguntas para meditar

- ¿De qué formas he permitido que la oposición me desenfoque?
- ¿Qué verdades de Dios necesito recordar cuando la resistencia aumenta?

Acción del día

Reflexiona: ¿qué oposición has enfrentado últimamente? ¿Es externa, interna, emocional o espiritual? Hoy identifica un área donde la oposición ha sido más intensa. Escribe un plan espiritual específico para mantenerte firme, usando la Palabra, la oración y el apoyo de tu comunidad de fe.

Declaración de fe

«Un vencedor no permite que la oposición determine su destino. Su mente permanece firme en la verdad de Dios y su corazón se aferra a la promesa eterna».

Oración del día

«Señor, gracias porque tú eres mi fuerza en tiempos de oposición. Hoy decido mantener mi mente firme en ti. No permitiré que la duda o el temor me saquen de mi propósito. Hazme firme, lleno de fe y enfocado en el propósito que sembraste en mí. En el nombre de Jesús, amén».

En la siguiente jornada aprenderás a llevar la mentalidad de victoria a tus relaciones más cercanas. La victoria también transforma la manera en que nos conectamos con otros.

Día 35

Mentalidad de victoria en las relaciones interpersonales

La mentalidad de un vencedor elige relaciones que edifican, no que destruyen.

Aunque la vida cristiana es un camino personal, nunca fue diseñada para ser solitaria: un vencedor sabe que la victoria florece en comunidad. Desde el principio, Dios estableció la importancia de las relaciones cuando dijo: «No es bueno que el hombre esté solo» (Génesis 2:18).

Pero debido a heridas, traiciones o desilusiones muchos terminan levantando muros que los aíslan de las bendiciones que Dios quiere traer a través de otros.

La mentalidad de victoria no solo reconoce la importancia de las relaciones: la discierne y elige. No todas las relaciones son saludables; algunas edifican y fortalecen, mientras que otras drenan y destruyen.

«Hierro con hierro se aguza; y así el hombre aguza el rostro de su amigo».

Proverbios 27:17

Un vencedor entiende que vivir en victoria también implica construir, proteger y restaurar vínculos que impulsen su propósito en Dios.

Hoy necesitas preguntarte con honestidad: ¿mis relaciones fortalecen mi mentalidad de victoria o la debilitan? Muchos olvidan que las relaciones también son un terreno donde se libra la batalla espiritual. El enemigo sabe que, si logra herirte en ese ámbito, puede apagar tu fe, distorsionar tu identidad y aislarte del propósito. Por eso, proteger tu corazón no significa cerrarlo, sino aprender a abrirlo con discernimiento espiritual. En Proverbios 13:20 se nos dice: «El que anda con sabios, sabio será; mas el que se junta con necios será quebrantado». Tus relaciones no solo afectan tus emociones: moldean tu forma de pensar, fortalecen (o debilitan) tu mentalidad y pueden determinar si avanzas o te estancas.

A veces, Dios te va a enseñar a amar, no a través de los más fáciles, sino a través de los más difíciles. Y también te enseñará a soltar con paz lo que antes tratabas de retener por miedo o dependencia emocional. Porque la verdadera victoria en las relaciones no es tener vínculos perfectos, sino tener un corazón sano y una mente renovada para amar con sabiduría. No se trata de acumular personas a tu alrededor, sino de caminar con quienes fortalecen tu fe y te recuerdan quién eres en Dios.

Mentalidad de un vencedor en sus relaciones

- **No vive encerrado en sí mismo**. El aislamiento rara vez es saludable. Jesús nos dio el ejemplo perfecto: pasaba tiempo a solas en oración, pero también eligió vivir en comunidad. Caminó, enseñó y amó a doce discípulos, aun sabiendo que no todos serían perfectos. Un vencedor entiende que el amor y el crecimiento no se experimentan en soledad, sino en el roce, el perdón y el apoyo mutuo.

- **Se rodea de personas que fortalecen su fe.** Cada persona que dejamos entrar en nuestra vida influye en nuestro pensamiento, en nuestras decisiones y en nuestra fe. La Biblia nos advierte: «No erréis; las malas conversaciones corrompen las buenas costumbres» (1 Corintios 15:33). Un vencedor elige rodearse de aquellos que, aún en los momentos difíciles, lo impulsan hacia Dios y hacia su propósito.
- **Sabe establecer límites y alejarse de relaciones tóxicas.** Amar a todos no significa abrir la puerta de tu corazón indiscriminadamente. Jesús tuvo muchos seguidores, pero solo unos pocos entraron en su círculo íntimo (Pedro, Jacobo y Juan). Un vencedor sabe reconocer cuándo una relación ya no edifica, y tiene el valor de poner límites o de alejarse sin culpa, guiado por la sabiduría del Espíritu Santo.
- **Aprende a sanar y restaurar relaciones dañadas.** No todas las relaciones rotas deben ser desechadas. Algunas solo necesitan perdón, comunicación y sanidad para ser restauradas. Romanos 12:18 nos recuerda: «Si es posible, en cuanto dependa de vosotros, estad en paz con todos los hombres». Un vencedor no deja que el orgullo o la amargura determinen sus vínculos: abre la puerta a la reconciliación cuando Dios así lo indica.

Ejemplo bíblico: David y sus relaciones

Así piensa un vencedor respecto a sus relaciones. La vida de David nos muestra dos tipos de relaciones claves en su jornada hacia la victoria, nos enseña que las relaciones pueden impulsarte hacia tu propósito... o intentar destruirte:

- **David y Jonatán**: Jonatán, el hijo del rey Saúl, no vio a David como una amenaza, sino como un amigo y aliado enviado por Dios. Su amistad fue profunda, desinteresada y basada en el amor y el propósito divino. «El alma de Jonatán quedó ligada con la de David, y lo amó Jonatán como a sí mismo» (1 Samuel 18:1). Jonatán fortaleció el corazón de David en tiempos de persecución, reafirmándole su llamado y protegiéndolo.
- **David y Saúl**: aunque Saúl fue quien inicialmente elevó a David, la envidia y el miedo al potencial de David lo llevaron a perseguirlo y buscar su destrucción. David, aunque tuvo oportunidades de vengarse, eligió honrar a Saúl como el ungido de Dios, mostrando madurez espiritual.

Un vencedor aprende a discernir quién fortalece su propósito (como Jonatán) y a actuar con sabiduría y honra frente a quienes buscan herirlo (como Saúl), sin permitir que su corazón se contamine. Un vencedor honra aun cuando es herido y discierne, sin permitir que su corazón se contamine.

Este contraste entre Jonatán y Saúl no solo expone el tipo de relaciones que enfrentamos, sino la clase de corazón que Dios quiere formar en nosotros. David no se dejó corromper por la traición ni se volvió dependiente del afecto humano: eligió caminar con discernimiento, pero también con honra. Porque un verdadero vencedor no deja que las relaciones lo desvíen del propósito, sino que permite que Dios use cada vínculo, aun los más difíciles, para formar en él un carácter que refleje su corazón. Tal vez hoy estás rodeado de personas que te levantan como Jonatán o quizás enfrentando ataques como los de Saúl, en ambos casos, tu victoria está en mantener una mentalidad firme: no permitir que el dolor contamine tu fe, ni que el afecto te haga perder tu enfoque. Las relaciones son una prueba y una oportunidad para crecer en la imagen de Cristo.

Cómo desarrollar relaciones con mentalidad de victoria

¿Cómo construye un vencedor sus relaciones? Aquí algunas claves esenciales:

- **Evalúa quiénes están influenciando tu vida**. Detente a reflexionar: ¿las personas que me rodean me acercan más a Dios o me arrastran hacia patrones antiguos de derrota?
- **Construye relaciones con propósito**. No se trata de cantidad, sino de calidad. Busca conexiones que alimenten tu fe, que te desafíen a ser mejor y que compartan tus valores en Cristo.
- **Sana y restaura vínculos que lo valen**. Perdona. Pide perdón. Reconstruye puentes donde veas el llamado de Dios a restaurar. No permitas que el orgullo destruya relaciones destinadas a bendecirte.

- **Establece límites con sabiduría.** No todas las personas pueden acompañarte en todas las temporadas. Saber decir «hasta aquí» es parte de tu madurez espiritual.
- **No permitas que el temor te aísle.** Aunque hayas sido herido en el pasado, no renuncies a nuevas conexiones. Dios tiene relaciones sanas preparadas para ti, si estás dispuesto a abrir tu corazón.

Verdades que transforman

- Mis relaciones reflejan mi crecimiento en Cristo.
- Fui llamado a edificar y ser edificado en relaciones de propósito.
- Discierno con sabiduría las relaciones que fortalecen mi fe.
- Protejo mi corazón con madurez, sin permitir que se endurezca.
- Elijo construir relaciones intencionales que honren el llamado de Dios en mi vida.

Preguntas para meditar

- ¿Estoy siendo intencional al elegir las voces que influyen en mi vida?
- ¿Qué relaciones necesitan restauración y cuáles requieren límites sabios?
- ¿Estoy dispuesto a abrir mi corazón nuevamente bajo la guía de Dios?

Acción del día

Hoy haz una revisión consciente: identifica las cinco personas más cercanas a ti y evalúa cómo cada una impulsa (o frena) tu mentalidad de victoria. Restaura, establece límites o fortalece relaciones según la guía de Dios.

Haz una lista de las cinco personas con las que más compartes tu tiempo. Responde con honestidad:

- ¿Cada una de estas personas me impulsa a vivir en victoria espiritual?
- ¿Hay alguien con quien deba hablar para restaurar una relación?
- ¿Necesito poner límites sanos en algún vínculo que me esté drenando emocional o espiritualmente?

Hoy toma una acción concreta: restaura, limita o fortalece, según sea necesario.

Declaración de fe

«Un vencedor construye relaciones que edifican su fe, protegen su propósito y fortalecen su llamado. No camina solo: camina acompañado de quienes impulsan su destino en Dios».

Oración del día

«Señor, gracias porque me has diseñado para vivir en conexión, no en aislamiento. Guíame para discernir a quién acercarme, a quién amar a distancia y a quién restaurar en tu amor. Sana las heridas de mi corazón que me llevan a desconfiar y enséñame a amar como tú amas: con sabiduría, propósito y verdad. Hoy decido abrir mi corazón, confiar en tu dirección y construir relaciones que glorifiquen tu nombre, amén».

Tus relaciones no solo reflejan quién eres, también impulsan en quién te estás convirtiendo. Mañana veremos cómo la mentalidad de victoria se construye en el núcleo de nuestro hogar: la familia.

Día 36

Mentalidad de victoria en la familia

Mi hogar puede tener cicatrices, pero en Cristo está destinado a ser un testimonio de cómo se sanan las heridas.

La verdadera victoria no se queda en lo personal: inevitablemente se manifiesta en la familia, en el lugar donde más genuinos somos. Un corazón renovado impacta primero su casa.

No podemos hablar de mentalidad de vencedor si nuestro hogar es territorio de caos, división o dolor sin resolver. Pero seamos honestos: la familia puede ser uno de los campos más desafiantes para vivir la fe.

Para algunos la familia es un refugio de amor y seguridad. Para otros, es sinónimo de heridas profundas, conflictos o decepciones no resueltas. Y en estos casos es fácil sentir que la derrota ha ganado espacio.

Aquí está la verdad que sostiene tu esperanza: la mentalidad de victoria no exige perfección, sino perseverancia en los principios de Dios, aun en medio del dolor.

«Pero yo y mi casa serviremos a Jehová».

Josué 24:15

No controlamos las decisiones de otros, pero sí podemos decidir cómo enfrentamos los desafíos familiares, qué espíritu llevamos dentro de casa y qué herencia espiritual estamos sembrando, aun cuando los frutos no sean inmediatos.

Cuando la familia se convierte en terreno de batalla, la victoria comienza en el espíritu, no en la confrontación. En Efesios 6:12, Pablo nos recuerda que «no tenemos lucha contra sangre y carne» y eso incluye a nuestros familiares. Muchas veces, el verdadero enemigo no es la persona con la que discutimos, sino lo que opera detrás de la división, del orgullo o de la incomprensión. Un vencedor no pelea por tener la razón: pelea por preservar el propósito de Dios en su casa. La guerra espiritual más profunda suele librarse en la intimidad del hogar y por eso requiere discernimiento, oración y una mente renovada.

Además, Dios honra a quienes eligen sembrar paz, aun cuando reciben indiferencia o dolor. En Mateo 5:9, Jesús declaró: «Bienaventurados los pacificadores, porque ellos serán llamados hijos de Dios». La mentalidad de victoria en la familia no espera que todos cambien primero: decide ser el primero en reflejar a Cristo. Esa semilla sembrada en obediencia puede abrir puertas de restauración que parecían cerradas. No subestimes el poder de tu actitud, de tus palabras, de tu espíritu. Porque muchas veces la transformación del hogar comienza con uno que decide creer.

La mentalidad de un vencedor en la familia

Así se refleja una mentalidad de victoria dentro del hogar:

- **Lucha por la unidad familiar**. Jesús enseñó que un reino dividido no puede prevalecer (Marcos 3:25). La unidad familiar no se logra por evitar conflictos, sino por elegir diariamente la paz, el perdón y la restauración como camino. Identifica si hay relaciones familiares rotas. Ora por ellas y toma la iniciativa, cuando sea posible, de buscar la reconciliación.

- **No carga culpas que no le corresponden**. Los conflictos familiares muchas veces nos dejan atrapados en la culpa: «¿Qué pude haber hecho diferente?». Aunque siempre es valioso reconocer nuestra parte, también debemos recordar que cada persona es responsable de sus propias elecciones ante Dios. Si has estado cargando culpas ajenas, entrégaselas hoy a Dios. Camina en la libertad que solo Él ofrece.
- **Elige ser una influencia de bendición**. No siempre podemos cambiar a los demás. Pero sí podemos elegir qué tipo de presencia somos en nuestro hogar: una atmósfera de amor, fe y paciencia, o un eco más del conflicto.

Comprométete hoy a reflejar a Cristo en tus palabras y actitudes, independientemente de cómo respondan los demás.

Cuando la familia ha sido una fuente de dolor

Hablar de «familia» debería evocar amor, seguridad y pertenencia. Pero, para muchos, lamentablemente, esa palabra despierta dolor, ausencia o traición. Si tu historia familiar es fuente de dolor, no estás solo: Dios también escribe milagros a partir de ruinas.

Quizá tu historia familiar ha sido marcada por el divorcio, el abandono, las palabras que nunca debieron decirse o las heridas que nunca parecieron sanar. Quizá creciste sintiendo que no eras suficiente. O has vivido rupturas que todavía duelen cuando menos lo esperas.

Si es tu caso, hoy quiero recordarte una verdad profunda: Dios no define tu valor por los errores de otros. Él no califica tu futuro por los fracasos familiares que viviste. Tu historia no terminó donde otros fallaron. El dolor que atravesaste puede ser transformado, en las manos de Dios, en una fuente de sanidad para ti... y para otros. Dios es experto en recoger los pedazos rotos y reconstruir con ellos algo aún más hermoso. La Biblia nos muestra este principio una y otra vez:

- **Rut**, abandonada en la viudez, fue restaurada y se convirtió en parte de la genealogía de Jesús.
- **José**, traicionado por sus hermanos, fue levantado para salvar a su familia y a toda una nación.
- **David**, ignorado por su padre y hermanos, fue elegido por Dios para reinar.

En mi libro *Levántate*, comparto que el verdadero testimonio no nace de una vida sin heridas, sino de una vida en la que Dios ha sanado lo que parecía imposible. La victoria en la familia no consiste en ocultar el dolor ni en negar las fallas. Consiste en elegir, día tras día, que el amor de Dios sea más grande que cualquier fractura humana.

No estás condenado a repetir la historia de dolor que recibiste. En Cristo, no solo puedes romper ciclos de dolor: puedes iniciar una herencia de bendición.

Ejemplo bíblico: José y la restauración familiar

Uno de los testimonios más poderosos de restauración familiar en la Biblia es el de José. La historia de José es un testimonio vivo de cómo Dios puede restaurar hasta los vínculos más rotos. Sus propios hermanos lo traicionaron, lo vendieron, rompieron su hogar.

Años después, cuando pudo vengarse, José les dijo: «Vosotros pensasteis mal contra mí, mas Dios lo encaminó a bien» (Génesis 50:20). José eligió ver su historia no a través del resentimiento, sino a través de la redención.

Sanó su corazón antes de restaurar su familia. Y esa decisión no solo lo restauró, sino que salvó naciones enteras. Un vencedor en la familia no se deja definir por el dolor que sufrió, sino por el propósito que Dios puede cumplir a través de su historia.

Lo que José vivió no fue solo una historia de reconciliación, fue un reflejo del corazón de Dios: aquel que transforma la traición en bendición y el abandono en propósito. Al perdonar, José rompió el ciclo del dolor que había marcado su familia. Y esa es también tu invitación: no necesitas esperar a que todo mejore para sanar. Aun si otros no reconocen el daño que causaron, tú puedes elegir caminar en libertad. Tu historia puede convertirse en una plataforma para mostrar que la redención de Dios alcanza incluso en los capítulos más difíciles de la vida familiar.

Cómo vivir con una mentalidad de victoria en la familia

Estas son acciones que consolidan una mentalidad de victoria en tu hogar:

- **Ora diariamente por tu hogar**. Aunque no veas resultados inmediatos, cada oración es una semilla que Dios riega en silencio.

- **Decide ser un instrumento de paz**. No reactivo, sino proactivo: elige responder con gracia y paciencia, reflejando el carácter de Cristo.
- **Deja el pasado en manos de Dios**. Tus heridas no son tu identidad. Permite que Dios transforme tu historia en testimonio de su poder.
- **Construye sobre los principios de Dios**. Haz de tu hogar un lugar donde los valores del Reino —amor, verdad, perdón y fe— sean las columnas invisibles que lo sostienen.

Verdades que transforman

- Mi fe en Dios define mi victoria, no las circunstancias familiares.
- Soy un instrumento de restauración en mi hogar.
- Renuncio a cargar culpas que Dios ya me liberó.
- Cada oración que elevo está sembrando transformación, aun cuando no la vea aún.
- Mi hogar, aún con cicatrices, puede reflejar el amor redentor de Cristo.

Preguntas para meditar

- ¿En qué áreas de mi vida familiar necesito aplicar hoy una mentalidad de vencedor?
- ¿Estoy llevando cargas emocionales que no me corresponden?
- ¿Qué influencia estoy eligiendo ser en mi hogar independientemente de la respuesta de otros?

Acción del día

Hoy reflexiona honestamente sobre el estado de tu hogar. Entrega tu familia a Dios a través de una oración de compromiso y, si hay una relación rota, pídele al Espíritu Santo sabiduría para dar un primer paso de restauración.

Declaración de fe

«Un vencedor entrega su familia a Dios, no camina en culpa ni en resentimiento. Decide ser un instrumento de paz, luz y restauración en su hogar, aunque los frutos aún no sean visibles».

Oración del día

«Señor, hoy deposito mi familia en tu altar. Tú conoces cada herida, cada desafío, cada anhelo profundo. Dame un corazón firme en la fe, tierno en el amor y paciente en la esperanza. Enséñame a ser luz en medio de las sombras familiares, y a confiar en tu poder restaurador. Declaro que, en Cristo, mi hogar no será recordado por sus heridas, sino por la restauración gloriosa que solo tú puedes hacer, amén».

La victoria no siempre se ve en el exterior: comienza en tu corazón decidido a amar y restaurar. Mañana aprenderás a extender tu victoria hacia tu propósito y tu entorno.

Día 37

Mentalidad de victoria en las finanzas

La verdadera riqueza no está en la cantidad de lo que poseo, sino en cómo administro lo que Dios me confió.

El dinero es una herramienta poderosa, pero jamás debe convertirse en el propósito que gobierne nuestra vida. Para muchos las finanzas son fuente de ansiedad constante; para otros, son el termómetro con el que miden su valor o éxito.

Las finanzas en el Reino de Dios no se miden solo por lo que entra, sino por lo que sale de un corazón rendido. Jesús celebró a una viuda que dio dos monedas, no por el valor económico, sino porque su entrega fue total (Marcos 12:43-44). Esto nos muestra que Dios no evalúa nuestras cuentas como lo hace el mundo: Él observa la fe, la intención y la obediencia detrás de cada decisión financiera. Una mentalidad de victoria no busca acumular, sino obedecer. No se trata de cuánto tengo, sino de cómo respondo a Dios con lo que tengo.

La mentalidad de un vencedor se mueve en un terreno completamente distinto. Ni la escasez ni la avaricia gobiernan su corazón. Su seguridad no está en sus posesiones, sino en el Dios que lo sustenta.

Jesús habló mucho sobre el dinero porque sabía que donde está nuestro tesoro, allí también estará nuestro corazón. El dinero no es solo una cuestión económica: es profundamente espiritual.

«Honra a Jehová con tus bienes, y con las primicias de todos tus frutos; y serán llenos tus graneros con abundancia, y tus lagares rebosarán de mosto».

Proverbios 3:9-10

Un vencedor en Cristo desarrolla una mentalidad de mayordomía: reconoce que todo lo que tiene viene de Dios y que está llamado a administrar esos recursos con sabiduría, gratitud y propósito.

Rompiendo patrones financieros destructivos

Antes de administrar mejor el dinero necesitamos transformar cómo lo pensamos. Muchos de los problemas financieros que enfrentamos no nacen en la billetera, sino en la mente. Patrones de pensamiento erróneos siembran desorden, ansiedad y escasez.

A continuación, vamos a identificar tres creencias equivocadas que necesitan ser reemplazadas por la verdad de Dios. Identificar estos patrones mentales es el primer paso para caminar en libertad financiera espiritual:

- «**El dinero es malo**». Algunos ven el dinero como algo inherentemente negativo. Sin embargo, la Biblia es clara: «El amor al dinero es la raíz de todos los males» (1 Timoteo 6:10). El dinero en sí mismo es neutral; es nuestro corazón quien determina si será una herramienta de bendición o una trampa de avaricia. No temas tener recursos: teme que ellos te tengan a ti. El dinero en manos rendidas a Dios es una bendición.
- «**Si tengo fe, Dios me dará dinero sin que yo haga nada**». La fe verdadera no justifica la pereza ni la falta de

diligencia. Dios honra la fe activa: aquella que cree, trabaja, administra y siembra. Un vencedor sabe que la provisión divina no anula la necesidad de responsabilidad. La fe mueve montañas, pero también mueve corazones diligentes que obedecen a Dios en lo cotidiano.

- «**Mientras tenga lo necesario, no importa cómo administre**». Algunos piensan que con solo «tener lo suficiente» no es necesario ser buenos administradores. Sin embargo, Jesús nos enseñó que la fidelidad comienza en las cosas pequeñas. Administrar bien honra a Dios y abre las puertas a una vida de bendición sostenida. El orden en tus finanzas no es un capricho, es un acto de honra y fe hacia el Dios que provee.

Principios financieros de un vencedor

«El que es fiel en lo muy poco, también en lo más es fiel».

Lucas 16:10

Jesús enseñó que la manera en que manejamos lo poco revela nuestra capacidad para administrar lo mucho. La fidelidad financiera no depende de la cantidad, sino de la actitud del corazón. Muchos esperan tener más para comenzar a ser buenos administradores, pero en el Reino es al revés: primero eres fiel con lo poco y luego Dios te confía lo más. Cada peso que administras es una prueba de confianza, una oportunidad para demostrar que tu corazón no depende del dinero, sino de Dios.

«Ten cuidado y guarda tu alma con diligencia, para que no te olvides de las cosas que tus ojos han visto...».

Deuteronomio 4:9

El mayor peligro no es la escasez, sino olvidar quién es tu fuente. Cuando dejamos de ver a Dios como el origen de toda provisión, empezamos a vivir como huérfanos financieros: temerosos, controladores o negligentes. Una mentalidad de vencedor recuerda que cada bendición es un recordatorio de la fidelidad de Dios y cada administración es una oportunidad para honrarlo.

Una mentalidad de victoria en las finanzas no surge espontáneamente: se construye sobre principios firmes. Aquí repasamos los fundamentos que deben guiar nuestras decisiones económicas. La mentalidad de un vencedor en las finanzas no se construye al azar: se edifica sobre fundamentos sólidos en Dios:

- **Dios es nuestra fuente, no el dinero**. El trabajo es importante, pero nuestra confianza final está en el Dios que promete suplir cada necesidad. «Mi Dios, pues, suplirá todo lo que os falta conforme a sus riquezas en gloria en Cristo Jesús» (Filipenses 4:19). No trabajas solo para un salario: trabajas confiando en un Dios que nunca falla.
- **La mayordomía es clave**. El dinero es un recurso confiado por Dios, y debemos administrarlo como administradores fieles. «El que es fiel en lo muy poco, también en lo más es fiel» (Lucas 16:10). La fidelidad en lo pequeño abre puertas a mayores responsabilidades y bendiciones. Jesús lo ilustró con la parábola de los talentos, donde cada siervo fue evaluado no por cuánto recibió, sino por

cómo administró lo que se le confió (Mateo 25:14–30). En el Reino, fidelidad es multiplicación con propósito.

- **La generosidad abre puertas**. Un vencedor entiende que dar no es perder: es sembrar para cosechar en bendiciones eternas. «Dad, y se os dará; medida buena, apretada, remecida y rebosando darán en vuestro regazo» (Lucas 6:38). La generosidad no solo libera tus manos: libera tu corazón para confiar más plenamente en Dios.
- **El trabajo es una oportunidad para glorificar a Dios**. Trabajar con excelencia no es un acto secular: es un acto espiritual de adoración. «Todo lo que hagáis, hacedlo de corazón, como para el Señor y no para los hombres» (Colosenses 3:23). Cuando trabajas como para Dios, tu esfuerzo se convierte en testimonio de su gloria.

Ejemplo bíblico: José, prosperidad administrada con propósito

José, el hijo de Jacob, no solo fue un hombre con sueños, sino también con visión y sabiduría. Cuando fue puesto como gobernador de Egipto, no se dejó corromper por el poder ni por la abundancia. Administró los recursos de toda una nación con excelencia, previsión y temor de Dios (Génesis 41:39-49).

En los años de abundancia, no derrochó ni vivió para sí mismo. Diseñó un plan de ahorro, recolección y distribución justa, preparándose para el tiempo de escasez. Y cuando llegó la crisis, su buena administración salvó millones de vidas, incluyendo a su propia familia. Su prosperidad no fue egoísta, fue estratégica y generosa.

José nos enseña que la bendición financiera no es un obstáculo espiritual si está sujeta a Dios. Fue próspero, pero nunca esclavo del dinero. Fue poderoso, pero siempre íntegro. Porque un corazón alineado con el cielo convierte la provisión terrenal en instrumento de propósito eterno. No temas a la bendición financiera: témele a la falta de propósito en medio de ella. Cuando Dios confía recursos a tus manos, también te entrega una misión.

La clave en la historia de José no fue solo su capacidad administrativa, sino su fidelidad inquebrantable en cada etapa: en la esclavitud, en la cárcel y en el palacio. Nunca usó su posición para engrandecerse, sino para servir a otros con visión celestial. Génesis 39:2 declara: «Mas Jehová estaba con José, y fue varón próspero...» y esto lo dice cuando aún era esclavo. Esto nos revela una verdad profunda: la prosperidad en el Reino no se mide por lo que tienes, sino por quién está contigo y cómo administras lo que se te ha confiado. Así piensa un vencedor: sabe que la verdadera abundancia comienza con una mente y un corazón sometidos a Dios. No se trata solo de manejar números, sino de reflejar el carácter de Cristo en cada decisión financiera.

Errores financieros que debemos evitar

Si queremos vivir en verdadera victoria también en nuestras finanzas necesitamos identificar —y evitar— estas trampas comunes que siembran desorden y temor:

- **Vivir sin un plan**: la falta de organización conduce al caos financiero. Un plan sencillo hoy puede evitar una crisis mañana.
- **Gastar más de lo que se gana**: la cultura de consumo nos empuja a vivir más allá de nuestras posibilidades. El dominio propio en las finanzas es una expresión concreta de sabiduría.

- **No ahorrar**: la Biblia nos enseña la importancia de la prudencia para el futuro. Ahorrar es sembrar confianza en la provisión de Dios para las estaciones venideras.
- **Dejarse llevar por la comparación**: compararnos con otros nos aparta de la carrera única que Dios ha diseñado para nosotros. Cuando comparas tu provisión, desprecias el propósito especial que Dios ha puesto en tus manos.

Cómo establecer una mentalidad de victoria en las finanzas

Renovar nuestra mente financiera requiere pasos claros y constantes. Aquí te comparto cómo comenzar. Estos son algunos pasos prácticos para renovar tu mente y fortalecer tu administración bajo los principios del Reino:

- **Ora por dirección y sabiduría financiera**. Consulta a Dios antes de comprometer tus recursos en decisiones importantes. La oración abre la puerta a la sabiduría que el mundo financiero jamás podrá ofrecer.
- **Crea un plan financiero basado en principios bíblicos**. Organiza tu vida económica incluyendo el diezmo, el ahorro, la generosidad y la administración prudente. Un plan de vida alineado con la Palabra es un terreno fértil para la abundancia de Dios.
- **Sé diligente en tu trabajo y oportunidades**. Aprovecha con excelencia cada oportunidad que Dios pone en tu camino. Diligencia hoy, cosecha mañana.
- **Camina en generosidad y gratitud**. La gratitud transforma la manera en que ves y usas tus recursos, abriendo

tu vida a bendiciones mayores. Un corazón agradecido siempre tendrá espacio para nuevas bendiciones.

Verdades que transforman

- Dios es mi única fuente de provisión y seguridad.
- Administro los recursos que Dios me confió con sabiduría, propósito y honra.
- Mi seguridad no está en mis posesiones, sino en Cristo.
- Soy libre de la avaricia y el temor financiero.
- Mi generosidad es una expresión de mi victoria en Cristo.

Preguntas para meditar

- ¿Qué patrones de pensamiento erróneos sobre el dinero necesito derribar hoy?
- ¿Estoy siendo un administrador fiel de los recursos que Dios me ha confiado?
- ¿Cómo puedo reflejar una mentalidad de victoria en mis finanzas?

Acción del día

Hoy evalúa sinceramente tu mentalidad financiera. Identifica y derriba tres pensamientos erróneos que has tenido sobre el dinero sustituyéndolos por principios bíblicos claros. Crea un plan práctico de administración basado en sabiduría, fidelidad y generosidad.

Declaración de fe

«Un vencedor no confía en su cuenta bancaria, sino en el Dios que provee sin medida. Administra con sabiduría, siembra con generosidad y camina en la abundancia del Reino».

Oración del día

«Señor, reconozco que todo lo que tengo proviene de tu mano generosa. Señor, enséñame a vivir como un administrador fiel de lo que has puesto en mis manos, confiando en que tú eres mi provisión presente y futura. Enséñame a sembrar en otros con gratitud y generosidad. Guía cada decisión financiera que tome y ayúdame a reflejar tu fidelidad en el área económica de mi vida. En el nombre de Jesús, amén».

La verdadera riqueza de un vencedor no se mide por lo que acumula, sino por lo que administra y entrega con propósito. Mañana veremos cómo vencer en el terreno de nuestros pensamientos más íntimos.

Día 38

Mentalidad de victoria en la disciplina y el autocontrol

El talento puede abrirte puertas, pero solo la disciplina te mantendrá firme en el propósito de Dios. Un vencedor no solo sueña con la victoria, sino que se disciplina cada día para alcanzarla.

Muchos sueñan con alcanzar metas espirituales, emocionales, financieras o familiares, pero pocos perseveran hasta verlas cumplidas. Pocos, sin embargo, están dispuestos a pagar el precio de la constancia diaria que esos sueños requieren. La verdadera diferencia entre quien alcanza el propósito y quien abandona no está en el talento ni en la suerte, sino en la disciplina.

La disciplina no es una lucha humana solitaria: es una alianza diaria con el Espíritu Santo que nos impulsa a actuar con determinación aun cuando no sentimos ganas. Es la capacidad de sostener nuestro compromiso en tiempos de cansancio, desánimo o tentación.

En la Biblia, la disciplina no es presentada como una carga pesada, sino como una evidencia del amor y la formación de Dios en nosotros. Hebreos 12:11 lo declara con claridad: «Es verdad que ninguna disciplina al presente parece ser causa de gozo, sino de tristeza; pero después da fruto apacible de justicia a los que en ella han sido ejercitados». Dios no nos disciplina para limitarnos, sino para madurarnos. Cada acto de constancia que sostenemos con Él, aunque parezca pequeño o difícil, está produciendo en secreto una cosecha de carácter, justicia y plenitud. La disciplina, entonces, no es solo una herramienta nuestra hacia Dios, sino también una expresión del proceso de Dios en nosotros.

> *«Porque no nos ha dado Dios espíritu de cobardía, sino de poder, de amor y de dominio propio».*
>
> **2 Timoteo 1:7**

Sin disciplina, los más grandes propósitos de Dios para nuestra vida pueden quedar truncados. Con disciplina, incluso los sueños más improbables se convierten en testimonio de su fidelidad. Hoy decides: ser prisionero de tus emociones o protagonista de la historia que Dios quiere escribir contigo.

Disciplina y éxito: principios de la Biblia

La Biblia no deja dudas: la disciplina es el cimiento silencioso de toda vida fructífera. Sin ella, el propósito se diluye, la fe se debilita y la victoria se desvanece. La Escritura presenta dos grandes caminos:

- El de aquellos que, cultivando disciplina y autocontrol, alcanzaron las promesas de Dios.
- Y el de aquellos que, cediendo a la impulsividad, vieron su llamado fracturarse.

La Escritura no adorna la disciplina: la presenta como la base real del éxito espiritual.

Ejemplo bíblico: Débora y Sansón; dos llamados, dos caminos

La historia de los jueces nos presenta a dos personajes llamados por Dios para liberar a Israel: Débora y Sansón. Ambos fueron escogidos en tiempos difíciles, pero sus trayectorias revelan el impacto eterno que tiene la disciplina o su ausencia.

Débora fue una mujer con enfoque, constancia y madurez espiritual. En una época en la que cada uno hacía lo que bien le parecía, ella se mantuvo firme como profetisa, gobernante y líder militar. No buscó el protagonismo, sino la voluntad de Dios. Gobernaba con sabiduría (Jueces 4:5), escuchaba al pueblo, guiaba con discernimiento y fue capaz de convocar a un ejército aun cuando los hombres temían la batalla. Su disciplina espiritual, su vida de escucha a Dios y su firmeza de carácter la convirtieron en un canal de victoria para su nación. Ella no fue fuerte por emoción, sino por convicción; no se levantó por impulso, sino con propósito.

En contraste, Sansón también fue llamado desde el vientre, pero su historia refleja el precio de la indisciplina. Aunque tenía una fuerza sobrenatural y un llamado claro, vivió dominado por impulsos, pasiones y decisiones sin control. Se unió repetidamente con mujeres filisteas, ignorando los límites de su consagración. Reveló imprudentemente el secreto de su fuerza a Dalila y terminó ciego, humillado y encadenado. Su falta de dominio propio arruinó lo que pudo ser una carrera gloriosa. Fue fuerte por fuera, pero débil por dentro. Ganó batallas, pero perdió el gobierno sobre sí mismo.

Estas dos historias contrastan una verdad poderosa: no basta con tener un llamado, hay que sostenerlo con disciplina. Dios puede ungir a alguien, pero es su carácter el que lo mantendrá en pie. La disciplina no solo protege tu propósito: lo amplifica. Te prepara para obedecer cuando otros dudan, y para permanecer firme cuando otros ceden.

Un vencedor no depende de la emoción del momento, sino de una vida entrenada en obediencia diaria. Porque cuando el corazón está sujeto a Dios, incluso en medio del caos, su propósito se cumple con poder y fidelidad.

Cómo desarrollar una mentalidad de disciplina y autocontrol

La buena noticia es que la disciplina no es un rasgo con el que «se nace» o «no se nace»: es una decisión diaria y un músculo espiritual que se fortalece con la práctica. Aquí te comparto principios que puedes comenzar a aplicar hoy mismo:

- **Define una visión clara**. La disciplina nace de una dirección firme. Si no sabes hacia dónde vas cualquier excusa será suficiente para desenfocarte. Una visión clara activa tu enfoque, tu pasión y tu perseverancia. «Sin profecía el pueblo se desenfrena; mas el que guarda la ley es bienaventurado» (Proverbios 29:18).
- **Cultiva hábitos pequeños y constantes**. La verdadera transformación no depende de grandes actos esporádicos, sino de pequeñas decisiones sostenidas.

—Asigna tiempos fijos para la oración y la lectura bíblica.

—Establece rutinas que refuercen tu propósito cada día.

—No esperes sentirte inspirado: decide actuar por convicción.

Cada pequeño hábito diario fortalece tu carácter y moldea tu futuro.

- **Domina tus emociones y deseos**. El autocontrol es la fortaleza interior que protege tus pasos cuando las emociones amenazan con desviarte. «Como ciudad derribada y sin muro es el hombre cuyo espíritu no tiene rienda» (Proverbios 25:28). Gobernar tus emociones no significa negarlas, sino someterlas al propósito eterno de Dios.
- **Rodéate de personas disciplinadas**. La disciplina también se contagia. Relaciónate con personas que amen la constancia, que respeten el propósito y que desafíen tu crecimiento. «El que anda con sabios, sabio será; mas el que se junta con necios será quebrantado» (Proverbios 13:20). El entorno que eliges puede ser tu impulso o tu obstáculo.
- Aplica la autodisciplina en todas las áreas de tu vida.

—**Espiritual**: sé intencional en tu comunión diaria con Dios.

—**Emocional**: aprende a responder con sabiduría, no por impulso.

—**Física**: cuida tu cuerpo como templo del Espíritu Santo.

—**Financiera**: administra con responsabilidad los recursos que Dios te ha confiado.

La disciplina es integral: fortalece toda tu vida, no solo una parte.

Verdades que transforman

- Fui llamado a vivir con enfoque, constancia y propósito eterno.
- Mi disciplina diaria sostiene el destino que Dios diseñó para mí.
- No soy esclavo de mis emociones: soy guiado por el Espíritu.
- Cada pequeño acto de constancia es un paso hacia la victoria.
- Persevero con firmeza porque quien me llamó es fiel.

Preguntas para meditar

- ¿En qué áreas de mi vida he permitido que la falta de disciplina frene mi propósito?
- ¿Estoy cultivando hábitos que reflejen la visión que Dios me dio?
- ¿Qué cambios concretos puedo empezar hoy para fortalecer mi autocontrol?

Acción del día

Hoy escribe tres áreas específicas donde necesitas mayor disciplina. Define un hábito pequeño pero concreto para cada una y ora pidiendo al Espíritu Santo la constancia para sostenerlo incluso en días difíciles.

Declaración de fe

«Un vencedor no camina guiado por impulsos pasajeros, sino que camina firme hacia su propósito, con disciplina, autocontrol y visión eterna».

Oración del día

«Señor, hoy reconozco que la disciplina no es una carga, sino una llave que abre las puertas del propósito. Ayúdame a mantenerme firme en mi compromiso contigo, a actuar por convicción y no por emoción, y a perseverar aun cuando el camino se vuelva difícil. Señor, alinea mi mente, mi corazón y mis fuerzas con tu propósito. Haz de cada pequeño paso de constancia una semilla para tu gloria. En el nombre de Jesús, amén».

La victoria no es un evento repentino: es la suma diaria de pequeñas decisiones hechas con constancia y propósito. Mañana descubrirás cómo fortalecer tu visión para que permanezca firme ante cualquier circunstancia.

Día 39

Mentalidad de victoria en la enfermedad y el cuidado del cuerpo

Mi cuerpo puede debilitarse, pero mi espíritu, en Cristo, permanece invencible.

Una de las batallas más intensas que enfrenta un vencedor no es externa, sino interna: en su propio cuerpo. Cuando enfrentamos enfermedad, dolor o limitaciones físicas también somos puestos a prueba en nuestra fe, en nuestra percepción de Dios y en nuestra identidad como hijos.

La enfermedad puede tocar nuestro cuerpo, pero no tiene permiso de derrotar nuestro espíritu. La verdadera victoria no es solo vivir sin dolor, es mantenernos firmes en Cristo, confiando en su soberanía, aun cuando el cuerpo se debilite.

La Escritura no oculta el sufrimiento físico, pero siempre lo conecta con una perspectiva eterna. Pablo declaró: «Aunque este nuestro hombre exterior se va desgastando, el interior no obstante se renueva de día en día» (2 Corintios 4:16). Dios no minimiza nuestro dolor, pero sí nos invita a levantar la mirada. La debilidad del cuerpo no es señal de derrota, sino oportunidad para que el poder de Dios se perfeccione en nosotros. Mientras el mundo mide la victoria por la ausencia de aflicción, el Reino la revela en medio de ella. Un cuerpo enfermo no es un obstáculo para Dios; es un escenario donde su gloria puede resplandecer con más fuerza. La Biblia enseña que la enfermedad tiene causas variadas:

- El desgaste natural del cuerpo humano.
- Las cargas emocionales no resueltas o el estrés.
- La falta de cuidado intencional hacia nuestro cuerpo.
- En algunos casos, como en la vida de Job, pruebas permitidas por Dios para revelar la fidelidad y madurez espiritual.

«Amado, yo deseo que tú seas prosperado en todas las cosas, y que tengas salud, así como prospera tu alma».

3 Juan 1:2

Cuando la enfermedad toca nuestra vida la pregunta no debe ser «¿por qué yo?», sino «¿cómo puedo glorificar a Dios en medio de este proceso?». Cuidar nuestro cuerpo no es idolatrarlo, es honrar el instrumento que Dios nos dio para cumplir nuestro propósito.

Ejemplo bíblico: Job - fidelidad en medio del sufrimiento

El ejemplo de Job nos revela que la enfermedad puede probar nuestra fe, pero no debe quebrantar nuestra identidad. Job era un hombre íntegro y temeroso de Dios. No enfermó por pecado ni por negligencia, sino porque Dios permitió una prueba que evidenciaría su fidelidad.

- Perdió bienes, familia y salud.
- Sufrió dolor físico intenso y aislamiento social.
- Fue acusado injustamente por sus amigos, que no entendieron su proceso.

A pesar de todo, Job declaró: «Yo sé que mi Redentor vive, y al fin se levantará sobre el polvo» (Job 19:25). La enfermedad no anuló su fe; la fortaleció. Un vencedor aprende que su relación con Dios no depende de su estado físico, sino de la verdad eterna que sostiene su vida. Job nos enseña que la verdadera victoria no siempre se ve en la restauración inmediata, sino en una fe que persevera hasta el final.

Job no entendía todo lo que estaba viviendo, pero eligió confiar en quien lo sostenía. No negó su dolor ni escondió su quebranto, pero tampoco permitió que su herida definiera su relación con Dios. En medio de la incomprensión, Job sostuvo su fe y guardó su integridad. Esa es la verdadera victoria: cuando, aunque el cuerpo se desgasta, el alma decide adorar. Cuando, aunque el diagnóstico no cambia, el corazón se mantiene firme en la verdad. Su historia no es solo una lección de paciencia, sino un llamado a permanecer, a creer sin respuestas, a confiar sin entender. Porque al final, Dios no solo restauró a Job: lo reveló como un testimonio eterno de fe perseverante.

Un vencedor cuida su cuerpo en la salud y en la enfermedad

El cuidado consciente del cuerpo es un acto de mayordomía espiritual, no un capricho emocional. Es importante comprender que el cuidado del cuerpo no comienza cuando los síntomas aparecen. Un vencedor honra su cuerpo en todo momento entendiendo que el autocuidado es parte del llamado espiritual.

Cuidar nuestro cuerpo no es idolatrarlo ni caer en una cultura de vanidad. Se trata de reconocer que el cuerpo es un instrumento del Reino, un templo donde habita el Espíritu Santo y que mantenerlo en buenas condiciones nos capacita para servir mejor.

La salud no es un fin en sí misma, es un medio para cumplir el propósito de Dios con mayor fuerza y fidelidad. «¿O ignoráis que vuestro cuerpo es templo del Espíritu Santo, el cual está en vosotros [...] y que no sois vuestros?» (1 Corintios 6:19).

¿Sabes? He sentido en mi corazón preparar un material especial sobre el autocuidado cristiano, porque he aprendido que un vencedor no espera a enfermarse para valorar su salud. Así como renovamos nuestra mente, también debemos fortalecer el cuerpo que Dios nos ha confiado, de modo que podamos servirle plenamente en cada temporada de la vida.

Cuidar el cuerpo no es una vanidad superficial: es una expresión de amor y agradecimiento al Dios que nos dio vida.

Tres claves para una mentalidad de victoria en la enfermedad

Ahora que entendemos que cuidar el cuerpo y la mente es parte de nuestra espiritualidad exploremos tres claves que sostienen una mentalidad de victoria, especialmente en medio de la prueba:

- **La enfermedad no define nuestra identidad.** Nuestra condición física no determina quiénes somos en Cristo. El enemigo intentará etiquetarnos por nuestras limitaciones, pero Dios nos llama por nuestro nombre, no por nuestro diagnóstico. La verdadera identidad de un vencedor permanece intacta aun en medio del dolor. Durante doce años, «una mujer con flujo de sangre» (Marcos 5:25-34) fue conocida solo por su enfermedad. Pero un día, movida por la fe, tocó el manto de Jesús y Él la sanó. Más importante aún, Jesús restauró su identidad llamándola «hija». Ella dejó de ser «la enferma» para ser reconocida como hija amada. No eres tu diagnóstico; eres hijo redimido y amado de Dios. Cada día declara: «Mi identidad está en Cristo; soy hijo amado, restaurado y sostenido por su gracia». Aquí tres fundamentos que sostienen la mentalidad de victoria en medio de la enfermedad:

- **Cuidar el cuerpo es un acto de mayordomía.** El cuerpo no es un enemigo ni un adorno superficial. Es una herramienta preciosa que Dios nos entregó para vivir, amar, servir y cumplir su propósito. Cuidarlo con disciplina es reconocer su valor y honrar al Creador. En Babilonia, Daniel y sus compañeros (Daniel 1:8-15) eligieron no contaminarse con la comida del rey. Optaron por una vida de disciplina y autocontrol físico. Dios no solo honró su fidelidad espiritual, sino también bendijo su salud y apariencia física, capacitándolos para impactar su generación. Cuando cuidas tu cuerpo te preparas para ser un instrumento útil en las manos de Dios. Haz un compromiso específico para mejorar tu autocuidado físico en honor a Dios.
- **La fe y la Palabra de Dios son nuestra fortaleza en la prueba.** No siempre veremos sanidad inmediata. A veces la victoria no se manifiesta en la curación del cuerpo, sino en la firmeza del espíritu que se sostiene en Dios. La fe no niega el dolor: lo atraviesa confiando en que la gracia de Dios es suficiente. Pablo rogó a Dios para que quitara su aflicción a lo que él llamaba su «aguijón en la carne» (2 Corintios 12:7-10). La respuesta divina fue clara: «Bástate mi gracia; porque mi poder se perfecciona en la debilidad...» (2 Corintios 12:9). Pablo entendió que su debilidad no era una derrota, sino un espacio para que el poder de Dios se manifestara aún

más gloriosamente. La fe no elimina automáticamente la debilidad, la transforma en escenario de la gloria de Dios. Memoriza versículos de sanidad y fortaleza, y repítelos cada día como medicina espiritual.

Verdades que transforman

- Mi diagnóstico no define mi identidad; soy hijo de Dios.
- Cuidar mi cuerpo es un acto de obediencia y honra a mi Creador.
- Mi fe se fortalece mientras camino en medio de la enfermedad.
- El poder de Dios se perfecciona en mi debilidad.
- Vivo cada día como vencedor, no como víctima de las circunstancias.

Preguntas para meditar

1. ¿Estoy permitiendo que una enfermedad defina mi identidad más que la Palabra de Dios?
2. ¿Estoy cuidando mi cuerpo de manera intencional y agradecida?
3. ¿Cómo puedo fortalecer hoy mi fe en medio de cualquier debilidad?

Acción del día

Hoy, ya sea que enfrentes enfermedad o camines en salud, haz un compromiso consciente de glorificar a Dios con tu cuerpo y fortalecer tu fe ante cualquier circunstancia.

Declaración de fe

«Un vencedor no se define por su salud física; su espíritu se renueva cada día en Cristo. Glorifica a Dios en la salud, en la enfermedad y en cada temporada de su vida».

Oración del día

«Señor, gracias porque en ti mi victoria no depende de mi fuerza, sino de tu fidelidad eterna. Enséñame a cuidar el templo que me has confiado y a mantener mi fe firme, aun en las pruebas. Señor, fortalece mi espíritu más allá de toda debilidad física. Que mi vida, aun en fragilidad, sea testimonio de tu gloria y de tu poder restaurador. En el nombre de Jesús, amén».

> *«Bendito el varón que confía en Jehová, y cuya confianza es Jehová. Porque será como el árbol plantado junto a las aguas, que junto a la corriente echará sus raíces, y no verá cuando viene el calor, sino que su hoja estará verde».*
>
> **Jeremías 17:7-8**

El cuerpo puede debilitarse, pero el espíritu que confía en Dios se levanta más fuerte cada día. Mañana veremos cómo extender la victoria hacia el propósito que Dios nos confió.

Día 40

Mentalidad de victoria en medio de pruebas y crisis prolongadas

El tiempo de prueba puede ser largo, pero el propósito de Dios es eterno.

Algunas pruebas son como tormentas pasajeras: llegan, sacuden y pasan. Otras, sin embargo, se sienten como temporadas interminables de sequía, donde cada día parece un eco del anterior y la salida no se ve cerca. En la Palabra encontramos que incluso los más grandes hombres y mujeres de fe atravesaron temporadas prolongadas de silencio, confusión y espera. Abraham esperó décadas por el hijo prometido. David fue ungido como rey, pero perseguido por años antes de ocupar el trono. Jesús mismo pasó cuarenta días en el desierto antes de iniciar su ministerio. La Escritura nos recuerda que «El Dios eterno es tu refugio y acá abajo los brazos eternos» (Deuteronomio 33:27). En otras palabras, aunque la prueba parezca no tener fin, los brazos de Dios no se acortan ni se cansan. Él sigue sosteniéndonos incluso cuando sentimos que no avanzamos. Por eso, el tiempo de prueba no debe interpretarse como ausencia divina, sino como el terreno oculto donde Dios fortalece lo que quiere usar. Su silencio no es abandono: es formación; su demora no es desinterés: es sabiduría.

Hay temporadas donde la fe se desgasta, la esperanza se tambalea y las preguntas se acumulan en la mente: «¿Hasta cuándo, Señor?», «¿Estoy olvidado?», «¿Qué sentido tiene seguir creyendo?».

La mentalidad de un vencedor no se define por la rapidez con la que la prueba termina, sino por la firmeza con la que persevera en medio de ella.

Sostener la fe en medio de largas temporadas de incertidumbre no es un acto de ilusión: es una declaración profunda de confianza en el carácter eterno de Dios. Aunque la situación no cambie de inmediato, la verdadera victoria consiste en seguir echando raíces profundas en su Palabra, en su amor y en su propósito eterno.

Antes de entrar en las estrategias...

Dios no improvisa en medio de la crisis. Cada día de espera, aunque parezca inerte, está sembrando algo eterno en nuestro interior. Como está escrito: «Después de haber padecido un poco de tiempo, el Dios de toda gracia os perfeccionará, afirmará, fortalecerá y establecerá» (1 Pedro 5:10). En las manos del Padre, incluso la demora tiene propósito. Nada se desperdicia cuando estamos en su voluntad.

Antes de ver cómo sostener una mentalidad de victoria es importante detenernos y reflexionar. Las crisis prolongadas no son señal de que Dios nos ha abandonado ni evidencia de que hemos fallado. Al contrario, en la Escritura vemos, una y otra vez, que Dios usa los procesos largos para formar, purificar y preparar a sus hijos para mayores propósitos.

El enemigo intentará convencernos de que la espera es pérdida de tiempo, pero en Dios la espera es siempre un terreno fértil de transformación. No es el tiempo lo que define el éxito espiritual, es la manera en que decidimos vivir mientras esperamos. Por eso, más que preguntarnos: «¿Cuándo terminará esto?», debemos aprender a preguntar: «¿Qué está formando Dios en mí a través de este proceso?».

Cuando entendemos esto nuestra perspectiva cambia: dejamos de ver la crisis como un castigo y la empezamos a ver como un taller divino donde se forja nuestro carácter. El tiempo de espera no es castigo, es el taller secreto donde Dios pule los vasos que usará para su gloria.

Ejemplo bíblico: Abraham; Fe sostenida a lo largo del tiempo

Abraham no solo es recordado como el padre de la fe, sino como un hombre que aprendió a esperar. Dios le prometió una descendencia innumerable, pero su realidad gritaba lo contrario: era anciano, su esposa estéril, y los años seguían pasando sin ver cumplimiento. Lo que parecía una promesa imposible se convirtió en una escuela de perseverancia.

Esperó veinticinco años para ver nacer a Isaac. En ese lapso enfrentó dudas, silencios divinos y decisiones precipitadas, pero siempre regresó a la promesa. No se aferró a un calendario, sino al carácter de Aquel que le habló.

Y en medio de la espera, Dios no lo dejó solo. Le dio señales visibles para sostener su fe y fortalecer su mente: «Mira ahora los cielos, y cuenta las estrellas... Así será tu descendencia» (Génesis 15:5). «Haré tu descendencia como el polvo de la tierra... levanta ahora tus ojos y mira desde el lugar donde estás... al norte, al sur, al oriente y al occidente» (Génesis 13:14-16).

Las estrellas del cielo, la arena bajo sus pies y la tierra que se extendía ante sus ojos se convirtieron en recordatorios diarios del Dios fiel. Abraham aprendió a entrenar su mirada para no enfocarse en lo que no tenía, sino en lo que Dios había dicho. La fe de Abraham no lo aisló de la realidad, pero sí lo conectó con una verdad superior: lo que Dios promete, Él lo cumple, aunque tarde en llegar. Un vencedor no calcula a Dios por relojes humanos. Cree, adora y obedece, aunque no entienda el «cuándo». Porque sabe que si Dios lo dijo, Él lo hará y lo hará en el tiempo perfecto.

Cómo sostener la mentalidad de victoria en tiempos de crisis

Entender que el proceso tiene un propósito no siempre quita el dolor, pero sí fortalece el alma para permanecer. Aquí te comparto tres principios para mantener la mentalidad de un vencedor aun en medio de la espera:

- **No te definas por la prueba, sino por lo que Dios dice de ti**. Tu valor no está determinado por lo que atraviesas. La prueba es una circunstancia temporal; tu identidad en Cristo es eterna. La crisis no cambia quién eres; solo revela la profundidad de tus raíces en Dios. «Aunque ande en valle de sombra de muerte, no temeré mal alguno, porque tú estarás conmigo» (Salmos 23:4). No permitas que un capítulo difícil de tu vida defina toda tu historia.

- **Aférrate a la Palabra de Dios más que a tus emociones.** Las emociones fluctúan. Un día te sientes fuerte; al siguiente, vulnerable. Pero la Palabra de Dios es un ancla que sostiene aun en medio de las mareas cambiantes del alma. Cuando tus sentimientos te digan que todo está perdido deja que la Palabra te recuerde que todo está bajo control. «Cielos y tierra pasarán, pero mis palabras no pasarán» (Mateo 24:35). La fe madura no se alimenta de emociones, se nutre de la verdad eterna.
- **Sigue avanzando, aunque no veas el final.** La perseverancia es el acto de fe que dice: «Aunque no vea la salida, seguiré caminando». Cada paso de obediencia, cada decisión de permanecer, cada vez que eliges confiar, aunque no veas nada... estás declarando que Dios sigue siendo fiel. «El justo por la fe vivirá» (Habacuc 2:4). Cuando caminas por fe y no por vista estás más cerca del cumplimiento de la promesa de lo que imaginas.

Verdades que transforman

- No soy definido por mi prueba, sino por la promesa de Dios sobre mi vida.
- Mi fe no depende de lo que siento, sino de lo que sé que Dios ha dicho.
- Cada día que persevero me acerco más al propósito que Dios ya preparó.
- Dios no desperdicia ningún proceso: «todo obra para bien».

- Soy más que vencedor, incluso cuando no veo resultados inmediatos.

Preguntas para meditar

1. ¿Estoy permitiendo que la prueba me etiquete o sigo creyendo en lo que Dios dice de mí?
2. ¿Qué verdad bíblica necesito abrazar con más fuerza en esta temporada?
3. ¿Qué paso de fe puedo dar hoy, aunque no vea todavía el final?

Acción del día

Hoy identifica una crisis prolongada que estés viviendo. Escoge una promesa bíblica relacionada y colócala en un lugar visible. Cada mañana proclámala como recordatorio de que tu fe descansa en un Dios que no miente ni abandona.

Declaración de fe

«Un vencedor no mide su fe por la duración de la prueba, sino por la certeza de la promesa. Aunque la respuesta tarde sigue creyendo porque Dios está formando en él un carácter inquebrantable».

Oración del día

«Señor, gracias porque en ti mi futuro no está determinado por la dificultad presente. Ayúdame a ver con tus ojos cada proceso que estoy atravesando. Renueva mi fuerza, fortalece mi fe. Señor, enséñame a caminar no solo por lo que veo, sino por la confianza profunda en tu fidelidad, sabiendo que todo lo que tú has prometido se cumplirá en su debido tiempo. Te entrego cada día de espera y cada paso de fe. En el nombre de Jesús, amén».

No es la ausencia de crisis lo que define al vencedor, sino su capacidad de seguir creyendo cuando otros ya se han rendido.

Día 41

Fe radical: viviendo sin límites

No limites a un Dios que no conoce límites.

Muchas personas dicen creer en Dios, pero cuando enfrentan algo difícil o imposible, se llenan de dudas. Empiezan a poner límites sin darse cuenta: piensan que ya es muy tarde, que no tienen lo necesario o que no va a funcionar. Pero creer solo en lo que entendemos no es fe, es solo lógica. La fe verdadera —la que Dios quiere formar en nosotros— va más allá de lo que podemos ver o explicar. Es una fe que confía, aunque no entienda todo. No es una fe loca, es una fe obediente. No es confiar a ciegas, es confiar en Aquel que nunca falla.

Hoy Dios quiere ayudarte a romper esos límites que te has puesto tú mismo. Él no está limitado por tu miedo, tu pasado o tus recursos. Cuando decides creerle de verdad, Él puede hacer lo que parecía imposible. Una fe radical no nace del entusiasmo, sino de una profunda convicción de quién es Dios. Hebreos 11:6 afirma que «sin fe es imposible agradar a Dios», y añade que es necesario creer no solo que Él existe, sino que recompensa a los que lo buscan con diligencia. Esto significa que la fe que agrada al cielo no es pasiva ni conformista: es una fe que avanza, que se atreve, que espera lo imposible porque conoce al Dios que lo prometió. No estamos llamados a tener una fe decorativa, sino una fe dinámica, que transforma lo invisible en visible y que convierte lo improbable en testimonio.

Cuando Dios nos invita a confiar más allá de nuestros límites, no está probando nuestra fuerza: está despertando nuestro llamado. La fe radical no tiene como meta lograr milagros para exhibición personal, sino vivir alineados con los propósitos sobrenaturales de Dios en la tierra. Por eso, cada paso de fe es una respuesta a su voz, no un impulso emocional. Y cada victoria es fruto de haber creído en su Palabra cuando todo lo demás decía que no. Como dijo Jesús en Marcos 9:23: «Si puedes creer, al que cree todo le es posible».

Ejemplo bíblico: Jonatán; Fe que desafía las probabilidades

Cuando Israel estaba paralizado por el temor y rodeado de enemigos, un joven llamado Jonatán —hijo del rey Saúl— tomó una decisión radical. Sin ejército, sin garantías y con solo su escudero como compañía, dijo: «Ven, pasemos a la guarnición de estos incircuncisos; quizás haga algo Jehová por nosotros. Porque no es difícil para Jehová salvar con muchos o con pocos» (1 Samuel 14:6).

Ese quizás no era duda; era una fe radical que no ponía límites a lo que Dios podía hacer. Jonatán no necesitaba condiciones ideales, ni una señal previa. No buscaba impresionar a nadie ni probar su valentía. Su confianza no estaba en la estrategia ni en el número, ni en la experiencia. Estaba en el poder de Dios.

Jonatán subió con valentía, enfrentó a los filisteos y Dios respondió con una victoria sobrenatural que sacudió al campamento enemigo y renovó el ánimo del pueblo. Lo que comenzó con un paso de fe solitaria, terminó liberando a una nación entera del miedo. Este episodio nos muestra que la fe radical no es la que espera resultados seguros, sino la que actúa creyendo que Dios puede moverse en lo incierto. Es la fe que no se sienta a calcular probabilidades, sino que se levanta con convicción para provocar un milagro.

La fe radical no espera condiciones ideales: se mueve confiando en que Dios puede hacer mucho con lo poco que tenemos. Como Jonatán, quizás no tienes multitudes a tu lado, ni armas suficientes, ni señales visibles, pero sí tienes un Dios que salva con muchos o con pocos. Hoy es el día para dejar la pasividad, salir de la cueva del miedo y avanzar hacia lo que Dios ya puso en tu corazón. No postergues más ese paso. Tu obediencia, aunque parezca pequeña, puede abrir el camino a una victoria sobrenatural.

Antes de entrar en las estrategias...

Antes de ver cómo desarrollar una fe radical es necesario hacer una pausa y preguntarnos con honestidad: ¿hasta qué punto hemos reducido nuestra fe a lo que podemos controlar o entender? ¿Dónde hemos puesto límites a un Dios que no tiene límites?

La fe radical comienza cuando reconocemos que nuestras propias limitaciones no son las de Dios. Cuando dejamos de analizar si es posible y comenzamos a creer que es posible porque Dios lo ha dicho.

La fe radical no es ciega: ve una realidad superior que el ojo natural no puede ver. Hoy, Dios te invita a salir de la pasividad, cruzar los límites de tus miedos y avanzar hacia el terreno donde solo su poder puede darte la victoria.

Cómo desarrollar una fe radical

Vivir con fe radical no ocurre de manera automática, es una decisión diaria de confiar en lo que Dios ha dicho más allá de lo que vemos o sentimos. Aquí te comparto cuatro principios esenciales para fortalecer una fe que no conoce límites:

- **Cree sin poner límites a Dios**. Nuestra mente finita intentará siempre encerrar a Dios dentro de nuestra lógica limitada. Pero el Dios que creó el universo no está restringido por nuestras capacidades humanas. Cuando Dios habla no se trata de que si es posible según nuestra fuerza, se trata de que sí estamos dispuestos a creer que Él tiene el poder para hacerlo. «Porque para Dios no hay nada imposible» (Lucas 1:37). Donde tú ves barreras Dios ve oportunidades para manifestar su gloria. Aquí te comparto principios esenciales que te llevarán a caminar en una fe que no conoce límites:
- **Toma decisiones que reflejen tu fe**. La fe auténtica no es teórica: es activa. Cada decisión que tomamos revela en quién y en qué realmente creemos. Un vencedor no solo habla de fe: camina en fe. Se arriesga cuando Dios lo llama, actúa, aunque no vea todo el panorama, y avanza cuando otros se detienen. «La fe sin obras es muerta» (Santiago 2:26). Tu fe se fortalece cada vez que decides actuar basado en la Palabra, no en tus circunstancias.
- **Rodéate de personas que crean en grande**. La fe se alimenta en comunidad. Si caminas con personas que viven limitadas por el miedo terminarás imitando sus fronteras invisibles. Si caminas con vencedores que creen en grande

tu fe se expandirá. Busca ambientes donde soñar, creer y avanzar en Dios sea la norma, no la excepción. «El que anda con sabios, sabio será» (Proverbios 13:20). La atmósfera que eliges rodea tu fe de alas o de cadenas.

- **Declara lo que crees**. Nuestras palabras tienen poder creativo. Cuando hablas conforme a la Palabra de Dios fortaleces tu mente y alineas tu corazón con lo que el cielo dice de ti. No hables basado en lo que ves: declara basado en lo que Dios ha prometido. «Digan los débiles: Fuerte soy» (Joel 3:10). Tus palabras no son comentarios inocentes: son semillas que construyen o destruyen tu mundo.

Verdades que transforman

- Mi fe no depende de mis circunstancias, sino de la Palabra de Dios.
- Dios no está limitado por mi lógica ni por mi experiencia.
- Cada decisión de fe abre un camino de milagros.
- El ambiente de fe que cultivo amplía mi capacidad de confiar sin límites.
- Las palabras que declaro construyen mi nueva realidad en Cristo.

Preguntas para meditar

- ¿En qué área he limitado a Dios por miedo o incredulidad?
- ¿Qué paso de fe radical estoy llamado a dar en esta temporada?
- ¿Estoy rodeándome de personas que expanden o limitan mi fe?

Acción del día

Identifica un área donde tu lógica había puesto límites. Da hoy mismo un paso de fe en esa dirección y declara la promesa de Dios sobre esa situación hasta verla manifestarse.

Declaración de fe

«Un vencedor rompe los límites de su mente natural para caminar en la dimensión sobrenatural de Dios. Su fe no se basa en lo que ve, sino en lo que cree que Dios ya ha establecido».

Oración del día

«Señor, hoy renuncio a una fe limitada y a los temores que han frenado mis pasos. Abro mi corazón a la dimensión de lo sobrenatural que Tú has preparado para mí. Enséñame a creer como Jonatán, que no esperó condiciones ideales, sino que confió en tu poder para vencer obstáculos imposibles. Que mi fe me lleve a dar pasos audaces, aunque el terreno parezca incierto. Hoy decido vivir sin límites, confiando en que Tu Palabra es mi garantía. En el nombre de Jesús, amén».

La fe radical abre caminos invisibles a los ojos humanos; prepárate, mañana descubriremos cómo vivir con propósito sobrenatural.

Día 42

Liderazgo con mentalidad de Reino

En el Reino de Dios, el mayor no es el que domina, sino el que sirve con amor.

En el mundo, liderazgo suele significar títulos, prestigio, reconocimiento y control. Se mide en logros, aplausos y posiciones alcanzadas. Pero en el Reino de Dios el liderazgo tiene una definición radicalmente distinta: liderar es servir. Liderar es amar. Liderar es levantar a otros, no a uno mismo.

Un vencedor no necesita títulos para influir, lidera desde su identidad en Cristo, allí donde Dios lo ha plantado. Entendiendo que cada palabra, cada acción y cada gesto de servicio es una oportunidad para glorificar a Dios.

Liderar con mentalidad de Reino significa transformar ambientes; no por imposición, sino por inspiración. Se trata de encarnar el carácter de Cristo en medio de un mundo hambriento de ejemplos verdaderos.

En las Escrituras, Dios no llama líderes por su habilidad de impresionar multitudes, sino por su disposición a reflejar Su corazón. Desde Moisés hasta Jesús, el patrón divino ha sido el mismo: los verdaderos líderes son aquellos que aprenden a cargar el corazón del pueblo sin perder la comunión con el cielo. Como dice la Palabra: «Apacentad la grey de Dios... no por fuerza, sino voluntariamente; no por ganancia deshonesta, sino con ánimo pronto; no como teniendo señorío... sino siendo ejemplos de la grey» (1 Pedro 5:2-3). Esta es la diferencia entre el liderazgo del mundo y el liderazgo del Reino: en el mundo se compite por escalar, en el Reino se desciende para levantar. Por eso, quien quiere liderar conforme al corazón de Dios, debe aprender a ver el servicio como el lugar más alto.

«El mayor de vosotros será vuestro siervo».

Mateo 23:11

Hoy descubrirás que el liderazgo verdadero no se mide por seguidores, sino por cuánto reflejas a Jesús en cada acto.

Ejemplo bíblico: Jesús - el líder que sirvió hasta el final

En un mundo donde todos buscaban ser servidos, Jesús eligió ser el siervo de todos. Jesús, el Rey de reyes, caminó entre nosotros como el siervo de todos. Aunque tenía todo el poder y toda la autoridad, nunca buscó imponerse ni reclamar reconocimiento. En la última cena el momento más íntimo antes de su sacrificio hizo algo que rompió todo esquema humano de liderazgo:

- Se ciñó una toalla.
- Se inclinó ante sus discípulos.
- Lavó sus pies sucios y polvorientos...

...Aquellos pies que en pocas horas lo abandonarían, lo traicionarían y lo negarían. Jesús, sabiendo que le había sido dada toda autoridad en el cielo y en la tierra (Juan 13:3), eligió servir. «Porque ejemplo os he dado, para que como yo os he hecho, vosotros también hagáis» (Juan 13:15).

El liderazgo con mentalidad de Reino no se mide por el número de seguidores, sino por la profundidad del servicio y el amor que ofrecemos. Jesús nos mostró que el verdadero líder no busca ser servido, sino servir. No busca exaltarse, sino levantar a otros hacia su propósito en Dios. Piensa hoy:

- ¿Estoy buscando oportunidades para servir o esperando ser servido?
- ¿Mis acciones de influencia están motivadas por amor o por necesidad de reconocimiento?

Busca conscientemente una oportunidad hoy para servir de manera anónima, sin esperar aplausos. En el liderazgo de Jesús la toalla fue más poderosa que la corona.

Antes de entrar en las estrategias...

Antes de explorar cómo desarrollar este tipo de liderazgo necesitamos preguntarnos:

- ¿Estoy liderando para construir mi propio nombre o para reflejar el de Cristo?
- ¿Mi influencia apunta hacia mí o hacia el propósito de Dios en la vida de otros?

El liderazgo con mentalidad de Reino no busca aplausos. Busca formar discípulos, sanar heridas, levantar caídos y guiar con verdad y amor.

Liderar así no es fácil en un mundo que premia el ego y celebra la autoexaltación. Pero un vencedor ha entendido que su llamado es mayor que su necesidad de ser visto.

Cada acto de servicio oculto, cada decisión guiada por el amor, cada palabra de ánimo sembrada en secreto... es una semilla eterna en el Reino de Dios. En el Reino los líderes son sembradores de eternidad, no coleccionistas de aplausos.

Cómo desarrollar una mentalidad de liderazgo con Reino

Vivir como un líder conforme al Reino requiere decisiones conscientes cada día. Aquí, cinco decisiones diarias que forman a un líder conforme al corazón de Dios y que marcarán la diferencia en tu forma de influenciar:

- **Lidera con el ejemplo, no solo con palabras**. Las instrucciones pueden ser ignoradas. Pero una vida que modela integridad, humildad y fe transforma corazones. Ser un líder de Reino es vivir de tal manera que otros quieran imitar tu caminar, no porque lo impones, sino porque lo inspiras. «Sed imitadores de mí, así como yo de Cristo» (1 Corintios 11:1). El liderazgo que transforma no es el que manda, sino el que muestra el camino.
- **Sirve antes de esperar que te sirvan**. El liderazgo del Reino no comienza en un trono, sino en una toalla. Un vencedor no busca ser atendido, sino que se adelanta a servir. «El mayor de vosotros sea vuestro siervo» (Mateo 23:11). Lidera con amor y verdad, no con control. El liderazgo de Dios no manipula ni domina, guía con sabiduría, corrige con amor y edifica con verdad. El

mundo lidera por poder, en el Reino lideramos por amor. «Con amor eterno te he amado; por tanto, te prolongué mi misericordia» (Jeremías 31:3). El amor verdadero no anula la verdad, la comunica de una forma que sana y restaura.

- **Busca la voluntad de Dios antes que la aprobación de los hombres.** El liderazgo basado en agradar a las personas es frágil y volátil. El liderazgo que busca agradar a Dios es firme y eterno. Un vencedor lidera primero ante Dios, luego ante los hombres. «Si todavía agradara a los hombres, no sería siervo de Cristo» (Gálatas 1:10). Prefiere perder el aplauso humano que perder la aprobación del cielo.
- **Invierte en otros.** El liderazgo auténtico no busca crear admiradores, sino formar otros líderes. Un vencedor no teme compartir lo que ha aprendido, sabe que el Reino crece cuando otros son equipados. «Lo que has oído de mí ante muchos testigos, esto encarga a hombres fieles que sean idóneos para enseñar también a otros» (2 Timoteo 2:2). El legado más grande de un líder no son sus logros personales, sino las vidas que impulsó hacia su destino.

Verdades que transforman

- Liderar en el Reino es servir, no dominar.
- El amor y la verdad son las herramientas de un líder vencedor.
- Mi influencia crece cuando busco la voluntad de Dios más que la aprobación humana.
- Cada acto de servicio anónimo siembra semillas eternas.
- Mi llamado no es ser visto, sino encender vidas que brillen para Cristo.

Preguntas para meditar

1. ¿Cómo estoy ejerciendo influencia en mi entorno hoy?
2. ¿Estoy buscando oportunidades para servir sin esperar reconocimiento?
3. ¿Estoy invirtiendo en otros para levantar nuevos líderes?

Acción del día

Hoy busca intencionalmente influir positivamente en alguien: con un acto de servicio, una palabra de ánimo o una enseñanza de fe. Siembra una semilla de Reino en la vida de otro.

Declaración de fe

«Un vencedor lidera no para engrandecerse, sino para reflejar a Cristo. Sirve, levanta y lidera sabiendo que su influencia siembra eternidad en otros».

Oración del día

«Señor, gracias porque me has llamado a liderar en tu Reino, no por posición ni por mérito, sino por gracia. Ayúdame a ser un líder conforme a tu corazón: humilde, valiente, sabio y amoroso. Que cada oportunidad de influencia sea usada para reflejar tu carácter y levantar a otros. Señor, enséñame a servir como tú serviste: sin buscar reconocimiento, sino sembrando amor y verdad que transformen vidas para tu gloria. En el nombre de Jesús, amén».

Un líder de Reino no busca reconocimiento: busca levantar vidas. Mañana aprenderemos cómo conquistar territorios espirituales con autoridad y fe.

Día 43

Cómo enfrentar la oposición con mentalidad de vencedor

La oposición no es una señal de derrota, sino el anuncio de un avance inminente.

Cuando decides salir del terreno cómodo y caminar hacia tu destino en Dios, no solo atraerás oportunidades: atraerás también resistencia. La oposición es un fenómeno espiritual inevitable para quienes rompen cadenas, conquistan territorios y se niegan a vivir vidas mediocres.

Es ingenuo pensar que avanzar en tu propósito será un trayecto libre de obstáculos. Cada nuevo nivel de crecimiento activa una nueva forma de resistencia. La resistencia no es un accidente; es parte del diseño. No viene a detenerte, sino a fortalecer tu determinación, a purificar tus motivaciones y a anclarte aún más profundo en Dios. El enemigo no ataca a quienes están estáticos:

- Ataca a los que representan una amenaza.
- Ataca a quienes caminan hacia su destino.
- Ataca a quienes están rompiendo moldes y estableciendo el Reino de Dios en la tierra.

Por eso, un verdadero vencedor no se sorprende cuando llega la oposición. No cae en la trampa del desaliento ni de la victimización. Se reviste de fuerza, se ancla en la Palabra y avanza.

> *«Muchas son las aflicciones del justo, pero de todas ellas le librará Jehová».*
>
> **Salmos 34:19**

Hoy aprenderás a resistir sin desgaste, a caminar sin distracción y a ver cada oposición como plataforma hacia una dimensión mayor de tu propósito.

Esto no es nuevo para los que caminan con propósito. Jesús mismo nos advirtió que «en el mundo tendréis aflicción» (Juan 16:33), pero también nos aseguró: «confiad, Yo he vencido al mundo». La oposición no es un error del camino, es parte del camino. No viene a invalidar tu llamado, sino a empujarte a depender más del poder de Dios que de tus propias fuerzas. Allí, en medio del conflicto, es donde la fe madura, el carácter se fortalece y la victoria espiritual comienza a tomar forma.

Ejemplo bíblico: Pablo y Silas; alabanza en medio de la oposición

Pablo y Silas no estaban haciendo nada malo, al contrario, estaban obedeciendo la voz de Dios, anunciando el evangelio en Filipos y liberando a una joven esclava que era explotada espiritualmente. Pero esa obediencia desató una furia inesperada: fueron apresados, golpeados públicamente y encerrados en el calabozo más oscuro con grilletes en los pies (Hechos 16:16–24). A los ojos humanos, la oposición parecía haber ganado. Pero para ellos, esa prisión no era un castigo, era una plataforma para glorificar a Dios.

A medianoche, en el momento de mayor oscuridad y dolor, Pablo y Silas decidieron hacer lo impensable: orar y cantar himnos a Dios. No pidieron justicia, no se quejaron, no culparon a nadie. Su fe era tan sólida que, en vez de apagarse por la oposición, se encendió aún más y entonces sucedió algo sobrenatural: un terremoto sacudió los cimientos de la cárcel, las puertas se abrieron y las cadenas se soltaron.

> *«Pero a medianoche, orando Pablo y Silas, cantaban himnos a Dios; y los presos los oían. Entonces sobrevino de repente un gran terremoto...».*
>
> **Hechos 16:25-26**

Este no fue solo un milagro físico: fue una victoria espiritual. No salieron corriendo: se quedaron para predicar al carcelero y ese hombre, junto con su familia, entregó su vida a Cristo. La oposición no apagó la misión: la expandió.

Aquí está la clave: la oposición no es el final, es el escenario donde se revela la verdadera fe. Pablo y Silas no esperaron a que la cárcel se abriera para alabar, alabaron y las puertas se abrieron. No buscaron venganza; buscaron almas. Su historia nos recuerda que cuando respondemos a la resistencia con fe, nuestra cárcel se convierte en altar y lo que parecía una derrota se transforma en testimonio.

¿Qué estás haciendo con tu «medianoche»? ¿Te estás quejando o estás adorando? ¿Estás esperando que cambien las circunstancias o estás respondiendo con una fe que conmueve el cielo? Hoy es el día para dejar de pelear con cadenas que Dios quiere romper con tu alabanza. No necesitas que la oposición desaparezca para obedecer, necesitas alabar hasta que lo imposible se doblegue ante el poder de Dios. Así como Pablo y Silas vencieron desde la cárcel, tú también puedes transformar tus momentos de presión en plataformas de poder. Aquí te muestro cómo...

Antes de entrar en las estrategias...

Antes de aprender cómo enfrentar la oposición necesitamos redefinir en nuestro corazón qué significa ser atacado:

La oposición es evidencia de valor. Es un certificado espiritual que grita: «Eres peligroso para el infierno. Estás cambiando atmósferas. Estás avanzando en tu llamado». La oposición no siempre viene en formas obvias. A veces viene disfrazada de:

- Críticas injustas.
- Rechazo de personas cercanas.
- Obstáculos financieros inesperados.
- Cansancio mental abrumador.

Pero en cada caso, el objetivo es el mismo: detener tu avance, enfriar tu pasión y desenfocar tu propósito. Hoy, en lugar de ver la oposición como un castigo, aprenderemos a verla como un campo de entrenamiento divino. Cada dificultad, cada crítica y cada resistencia puede ser usada para forjar en ti un corazón inquebrantable. No te preguntes más: «¿Por qué me pasa esto?». Pregunta: «¿Qué está forjando Dios en mí a través de esta batalla?».

La oposición no detiene tu llamado, lo refina, lo fortalece y lo valida ante el cielo. ¿Cómo enfrentar la oposición sin desgaste emocional ni espiritual? No se trata de ignorar la oposición, se trata de responder a la oposición con madurez espiritual. Aquí te comparto cinco principios que te ayudarán a enfrentar la oposición con la mente y el espíritu de un vencedor:

- **Reconoce que la oposición es parte del proceso**. Cada desafío que enfrentas es una confirmación de que estás creciendo. «Bienaventurados los que padecen persecución por causa de la justicia, porque de ellos es el reino de los cielos» (Mateo 5:10). La oposición es la evidencia visible de que estás conquistando territorios invisibles.
- **No te desgastes peleando con las personas: la batalla es espiritual**. Recuerda: el verdadero enemigo no es quien te critica ni quien te rechaza. La verdadera batalla es espiritual. «Porque no tenemos lucha contra sangre y carne, sino contra principados, contra potestades, contra los gobernadores de las tinieblas de este siglo» (Efesios 6:12). Cuando peleas la batalla correcta, tu victoria es segura.
- **Fortalécete en Dios antes que en tus propias fuerzas**. Tu fuerza humana tiene límites. El poder de Dios en ti, no. «No con ejército, ni con fuerza, sino con mi Espíritu, ha dicho Jehová de los ejércitos» (Zacarías 4:6). No pelees como un soldado solitario. Pelea como un hijo respaldado por el Rey de reyes.

- **Usa la oposición como una oportunidad para crecer.** No desperdicies la resistencia: transfórmala en crecimiento. «Sabemos que la tribulación produce paciencia; y la paciencia, prueba; y la prueba, esperanza» (Romanos 5:3-4). Cada golpe que no te derriba te está entrenando para levantar a otros.
- **Enfócate en la misión, no en la distracción.** Cuando el enemigo no puede detener tu llamado intentará desenfocar tu corazón. «Puestos los ojos en Jesús, el autor y consumador de la fe» (Hebreos 12:2). Cada segundo que pierdes peleando distracciones es tiempo robado a tu propósito.

Verdades que transforman

- Cada resistencia confirma que estoy avanzando en el propósito de Dios.
- Mi lucha no es contra personas, sino contra fuerzas espirituales que no prevalecerán.
- Mi fuerza está en Dios, no en mi habilidad humana.
- Cada desafío me está formando en paciencia, fe y carácter inquebrantable.
- Mi mirada fija en Jesús me mantendrá firme hasta el cumplimiento de mi destino.

Preguntas para meditar

1. ¿Estoy dejando que la oposición me desgaste emocionalmente?

2. ¿En qué áreas necesito reenfocar mi fuerza y dejar de pelear batallas equivocadas?
3. ¿Qué estrategias prácticas puedo usar hoy para fortalecerme en Dios?

Acción del día

Hoy identifica una situación donde la oposición intentó detenerte. Renueva tu compromiso de avanzar declarando en oración: «Mi propósito es más grande que cualquier resistencia que enfrente».

Declaración de fe

«Un vencedor no pelea en sus fuerzas humanas, sino en el poder invencible del Espíritu de Dios. Cada oposición es transformada en una escalera hacia nuevos niveles de propósito».

Oración del día

«Señor, gracias porque cada oposición confirma que estoy caminando hacia tu propósito. Hoy decido no desenfocarme, no desgastarme y no detenerme. Fortalece mi mente, renueva mi espíritu y mantén mis ojos fijos en ti. Declaro que todo obstáculo será usado para levantarme aún más alto. En el nombre de Jesús, amén».

Cada resistencia que enfrentas es una oportunidad para demostrar que tu fe no es superficial, sino profunda. Mañana aprenderemos a caminar en conquista con autoridad espiritual.

Día 44

El poder de confesar la Palabra en la mentalidad de un vencedor

La palabra que sale de tu boca puede construir el mundo que Dios soñó para ti.

La mente de un vencedor no solo se entrena con pensamientos de fe, sino que se afirma y se consolida a través de las palabras que declara.

La manera en que hablamos revela la condición de nuestro corazón y la dirección de nuestra fe. Jesús mismo enseñó: «De la abundancia del corazón habla la boca» (Mateo 12:34).

Dios mismo nos mostró desde el principio el poder creativo de la Palabra hablada. No pensó la luz, la declaró: «Y dijo Dios: Sea la luz; y fue la luz» (Génesis 1:3). La creación entera fue formada por el poder de su voz y ese mismo principio espiritual sigue activo: nuestras palabras, alineadas a su verdad, tienen el poder de dar forma a realidades invisibles. Por eso Proverbios 18:21 afirma: «La muerte y la vida están en poder de la lengua». No es solo una advertencia: es una invitación a hablar vida, promesa, restauración y propósito, aun cuando el entorno grite lo contrario. Cuando hablas conforme a la Palabra, tu boca se convierte en instrumento del cielo en la tierra.

No debemos tenerle miedo a declarar la Palabra. Declarar no es manipular a Dios ni obligarlo a hacer lo que queremos. Declarar es hablar, confesar, enseñar con autoridad lo que Él ya dijo. En Deuteronomio 6:6-7, Dios instruyó a su pueblo: «Estas palabras que yo te mando hoy, estarán sobre tu corazón; y las repetirás a tus hijos, y hablarás de ellas estando en tu casa…». La declaración no es una fórmula mágica, es un principio de formación espiritual. Cuando declaramos la Palabra, no estamos tratando de cambiar a Dios: estamos permitiendo que su verdad nos cambie a nosotros. La confesión forma carácter, moldea pensamientos y prepara la atmósfera para la fe.

No basta con pensar victoria, es necesario declararla con la autoridad que Dios nos dio. No basta con creer en la verdad: es necesario declararla. La confesión de la Palabra no es repetir frases correctas como un ritual vacío. Es alinear conscientemente nuestro lenguaje con la verdad eterna de Dios, aun cuando las circunstancias externas digan lo contrario.

«La muerte y la vida están en poder de la lengua, y el que la ama comerá de sus frutos».

Proverbios 18:21

Cada vez que tu boca se alinea a la Palabra fortaleces tu fe, rompes cadenas de temor y abres espacio para el mover de Dios. Hoy aprenderemos cómo hablar no desde lo que sentimos o vemos, sino desde lo que Dios ha declarado sobre nosotros.

Ejemplo bíblico: Ezequiel; declarando vida donde todo parecía muerto

El profeta Ezequiel fue llevado en visión a un valle lleno de huesos secos —no esqueletos, sino huesos esparcidos, secos, sin vida ni forma—; un lugar que simbolizaba la muerte de un pueblo, de una esperanza, de un propósito. Y allí, en medio de lo que a simple vista era imposible de restaurar, Dios le hizo una pregunta directa: «¿Vivirán estos huesos?» (Ezequiel 37:3). En vez de actuar por lógica, Ezequiel respondió con reverencia: «Señor, tú lo sabes». Entonces vino la instrucción clave: «Profetiza sobre estos huesos, y diles…».

Ezequiel no tenía poder humano para cambiar esa escena, pero sí tenía algo más poderoso: la autoridad de hablar conforme a lo que Dios decía. No se trataba de motivación positiva ni de negar la realidad. Se trataba de poner en su boca lo que Dios había decretado en el cielo.

Y mientras Ezequiel obedecía y declaraba vida, los huesos comenzaron a moverse, a unirse, a recobrar forma y carne hasta que finalmente vino el aliento de Dios y se levantó un ejército en pie. Lo que parecía irremediablemente muerto, revivió por el poder de una palabra hablada en fe. Aquí hay una verdad profunda: lo que tú declaras bajo dirección divina puede tener el poder de transformar tu valle más seco en un campo de resurrección. No es tu voz la que trae vida; es la Palabra de Dios hablada por una boca obediente.

Aplicación personal:

¿Qué área de tu vida se parece a ese valle? ¿Qué relación, llamado o promesa parece estar sin esperanza? Hoy Dios no te llama a analizar el terreno, sino a profetizar sobre él. No calles lo que Dios te ha dicho que declares. Abre tu boca y habla vida, aun si todo a tu alrededor grita muerte; porque cuando confiesas lo que Él ha dicho, los huesos vuelven a vivir.

Antes de entrar en las estrategias...

Detente un momento y reflexiona:

- ¿Qué palabras han dominado tu boca en esta temporada?
- ¿Tus palabras están alimentando tu fe o están reforzando tu temor?
- ¿Estás repitiendo lo que ves en el mundo o confesando lo que dice la Palabra?

La confesión correcta no es negación de la realidad, es afirmar que la verdad de Dios tiene más autoridad que cualquier circunstancia.

Hoy Dios te llama a reeducar tu boca para que se convierta en un instrumento de vida, no de derrota. Porque lo que hablas también estás sembrándolo en tu corazón, en tu entorno y en tu futuro. Lo que hablas no solo afecta tu presente: moldea tu futuro en Dios.

Cómo confesar la Palabra con una mentalidad de vencedor

Hablar la Palabra de forma transformadora no ocurre de manera automática. Requiere conciencia, decisión y fe diaria. Aquí te comparto principios clave para liberar el poder de tu confesión:

- **Habla conforme a la verdad de Dios, no a tu circunstancia**. Tu situación es temporal. La Palabra de Dios es eterna.

Cuando hablas basado en las circunstancias fortaleces la inestabilidad. Cuando hablas basado en la Palabra fortaleces la verdad que sostiene tu vida. «El cielo y la tierra pasarán, pero mis palabras no pasarán» (Mateo 24:35). Confiesa no lo que ves, sino lo que sabes que Dios ha declarado.

- **Confiesa lo que Dios dice sobre ti**. Tu identidad no está en tu pasado, ni en tus fracasos, ni en lo que otros dicen. Está en Cristo. Habla de ti mismo como Dios habla de ti: redimido, amado, fuerte, vencedor. «Mas a todos los que le recibieron, a los que creen en su nombre, les dio potestad de ser hechos hijos de Dios» (Juan 1:12). Deja que tus palabras se conviertan en un eco de tu verdadera identidad.
- **Usa la Palabra como una espada en tiempos de lucha**. La Palabra no es solo un consuelo, es un arma de guerra. Cuando sientas el ataque del desánimo, la tentación o la confusión responde con la Escritura. «La espada del Espíritu, que es la palabra de Dios» (Efesios 6:17). En tiempos de batalla, tus mejores argumentos son versículos confesados con fe.
- **Evita las palabras de derrota y duda**. Cada palabra de queja o temor que sale de tu boca es una semilla que alimenta la incredulidad. Un vencedor decide no ser cómplice del enemigo con sus propias palabras. «Sea vuestra palabra siempre con gracia, sazonada con sal» (Colosenses 4:6). Si quieres cambiar tu atmósfera espiritual, empieza por cambiar tu vocabulario.

- **Confiesa la Palabra con convicción, no como un ritual vacío**. No se trata de repetir como un loro, sino de declarar con convicción profunda. La confesión de fe transforma primero tu mente, luego tus circunstancias. «Creí; por tanto, hablé» (2 Corintios 4:13). La fe verdadera se manifiesta en palabras llenas de vida y de poder.

Verdades que transforman

- Mi boca puede ser un instrumento de vida o de derrota.
- Confesar la Palabra transforma mi mente, redime mi entorno y alinea mi destino con Dios.
- No hablo conforme a lo que siento, sino a lo que Dios ha dicho.
- Cada palabra de fe que declaro construye un futuro de victoria.
- Soy llamado a hablar como un vencedor, no como una víctima.

Preguntas para meditar

1. ¿Qué tipo de atmósfera estoy creando con mis palabras?
2. ¿Estoy confesando mis miedos o las promesas de Dios?
3. ¿Qué versículos necesito incorporar en mi confesión diaria?

Acción del día

Reflexiona sobre las palabras que has estado usando recientemente. Haz de tu confesión diaria un acto de guerra espiritual: llena tu atmósfera de promesas y desplaza toda palabra de temor.

Declaración de fe

«Un vencedor transforma su atmósfera con palabras de fe. No siembra derrota, sino que siembra promesas que florecen en victoria».

Oración del día

«Señor, gracias por el poder de tu Palabra. Hoy alinearé mi boca con tu verdad, no con mi temor. Ayúdame a recordar que cada palabra que sale de mi boca tiene poder para construir o destruir. Que mi lenguaje sea reflejo de la fe que tengo en ti, y que a través de mis palabras tu reino se establezca en mi vida. En el nombre de Jesús, amén».

La victoria empieza en tu mente, pero se consolida en tu boca. Mañana aprenderemos cómo caminar diariamente con la convicción de un vencedor que avanza en libertad.

Día 45

Dejando un legado como vencedor

Un vencedor no vive solo para sí mismo: construye un legado que inspira eternidad.

Hoy celebramos haber llegado hasta aquí, pero también levantamos la mirada. El verdadero vencedor piensa en la huella que dejará para la eternidad. Cada pensamiento renovado, cada miedo conquistado, cada paso de fe que has dado en este recorrido no es solo para ti. Es para aquellos que mirarán tu vida y encontrarán en ella un faro de esperanza.

Dios nunca nos llamó a ser monumentos aislados, sino puentes vivos entre generaciones. Desde el principio, su mirada estuvo puesta en la descendencia, en la transmisión de fe y propósito. Por eso dijo a Abraham: «Te multiplicaré en gran manera... y haré pacto contigo y con tu descendencia después de ti» (Génesis 17:2-7). Dios no piensa en términos de momentos, sino de linajes. Cuando transforma tu mente, lo hace con miras a impactar a quienes vendrán detrás de ti. Tu proceso no es solo tuyo. Tu obediencia hoy puede abrir caminos espirituales para tus hijos, discípulos, comunidades. El legado no comienza cuando te vas: comienza cuando decides vivir intencionalmente para algo mayor que tú.

«La memoria del justo será bendita».

Proverbios 10:7

Hoy decides que tu vida no será solo recordada: será bendecida, multiplicada e inmortalizada en las vidas que toque. Que tu huella no será pasajera, sino eterna en la memoria de Dios y en el corazón de quienes te rodean.

Ejemplo bíblico: Adán, Abraham y Jesús. Tres historias, un llamado eterno

Desde el principio, Dios diseñó al ser humano para dejar un legado. A Adán no solo se le dio vida: se le dio una encomienda divina. Fue creado a imagen de Dios, lleno de su naturaleza, y recibió autoridad para sojuzgar la tierra, multiplicarse y llenar el mundo con esa imagen (Génesis 1:28). El huerto no era su única misión: su propósito era extender lo que Dios le había confiado. Adán debía engendrar hijos conforme a la gloria con la que fue creado. Ese era su legado. Pero al ceder a la desobediencia, su herencia se corrompió, y en vez de multiplicar gloria, multiplicó una humanidad caída. Su fracaso no fue solo personal: afectó generaciones.

Sin embargo, Dios no renunció a Su propósito eterno. Llamó a Abraham, un hombre común, pero con disposición para obedecer lo imposible. Le pidió dejar todo, salir de su tierra y lo envió con una promesa: «Haré de ti una gran nación... y serán benditas en ti todas las familias de la tierra» (Génesis 12:2–3). Abraham no vivió para sí. Su vida fue una semilla profética. Creyó cuando no tenía fuerza, caminó cuando no tenía mapa, y confió en lo que aún no se veía. Su obediencia no solo cambió su historia: puso en marcha el linaje que traería salvación al mundo. Su legado fue la fe que abre caminos donde no los hay.

Pero el legado más alto lo estableció Jesús. Él no solo vino a restaurar lo perdido, sino a formar herederos del Reino. Llamó a doce y los discipuló no solo con palabras, sino con vida, poder y misión. Les entregó el mensaje del Reino, los empoderó con el Espíritu Santo y les encomendó la expansión de Su obra. En la cruz no solo pagó por nuestros pecados: también equipó a su Iglesia para ser su cuerpo en la tierra. Jesús formó discípulos, reveló el Reino y entregó su vida para abrir un camino eterno. En la cruz, no solo venció al pecado y a la muerte: nos equipó con su Espíritu para continuar su obra. Su legado sigue vivo en cada corazón transformado y en cada vida rendida que decide vivir y anunciar el Reino de Dios.

Aplicación personal

Estas tres historias nos confrontan con una gran pregunta: ¿qué tipo de legado estoy construyendo con mi vida? Adán perdió su encomienda. Abraham la obedeció. Jesús la cumplió y la transfirió. Tú y yo estamos llamados no solo a vivir bien, sino a dejar una huella espiritual que transforme generaciones. Tu sanidad, tu obediencia, tu fe, no son solo para ti. Son parte del legado eterno que Dios quiere dejar a través de ti.

Que cuando tu vida sea recordada, no sea por lo que acumulaste, sino por lo que sembraste. Que tu paso por esta tierra deje más que recuerdos: deje herencia espiritual, principios eternos y vidas transformadas. Porque un verdadero vencedor no solo conquista: forma vencedores que siguen conquistando.

Cómo construir un legado duradero como vencedor

Si quieres que tu paso por esta vida deje un eco eterno, aquí te comparto los pilares de un legado que resiste el paso del tiempo y permanece para la gloria de Dios:

- **Vive con propósito, no solo con urgencia**. No vivas corriendo tras lo inmediato. Vive sembrando en lo eterno: «Encomienda a Jehová tus obras, y tus pensamientos serán afirmados» (Proverbios 16:3). El apuro construye proyectos; el propósito construye legados.
- **Invierte en personas, no solo en logros**. Las posesiones pasarán. Las vidas tocadas permanecerán para siempre. «Vosotros sois nuestra carta, escrita en nuestros corazones, conocida y leída por todos los hombres» (2 Corintios 3:2). El verdadero éxito no es lo que acumulas, sino a quién amas e impulsas.
- **Deja huellas de fe y valores sólidos**. La moda cambia. La verdad permanece. «Instruye al niño en su camino, y aun cuando fuere viejo no se apartará de él» (Proverbios 22:6). Un legado sin principios es un castillo de arena. Un legado basado en fe es una roca eterna.
- **Sé un mentor y un modelo a seguir**. No esperes ser perfecto para inspirar. Inspira desde tu autenticidad y tu fe genuina. «Esto encarga a hombres fieles que sean idóneos para enseñar también a otros» (2 Timoteo 2:2). El legado más poderoso es formar a otros vencedores.

- **Construye algo que trascienda tu tiempo**. ¿Qué historia contarán de ti cuando ya no estés? Hoy es el día para escribir esa historia. «El que anda en integridad será salvo» (Proverbios 28:18). El tiempo borra logros humanos, pero la eternidad celebra las vidas transformadas.

Verdades que transforman

- Mi vida no es solo para mí: soy llamado a impactar generaciones.
- Cada palabra, cada acto y cada decisión siembran semillas en otros.
- Mi verdadero legado no será lo que acumule, sino lo que inspire y entregue.
- Invertir en personas es sembrar en los campos que el tiempo no puede destruir.
- Un verdadero vencedor no conquista solo para sí, conquista para levantar a muchos más.

Preguntas para meditar

1. ¿Qué historia quiero que mi vida cuente?
2. ¿A quién estoy impactando hoy con mis palabras, mis actos y mi fe?
3. ¿Qué ajustes necesito hacer para dejar el legado que deseo?

Acción del día

Hoy piensa en tres cosas que quieres que las personas recuerden de ti. Evalúa si estás viviendo en coherencia con ese legado y haz una acción concreta que siembre fe, amor y propósito: una llamada, una oración, una palabra sembrada en el corazón de alguien.

Declaración de fe

«Un vencedor no deja un eco débil, sino una huella viva de fe, amor y propósito. Mi vida será una semilla de eternidad en otros».

Oración del día

«Señor, gracias porque me has llamado a ser un constructor de legados eternos. Hoy decido vivir con propósito, amar con intención y sembrar fe en cada persona que pongas en mi camino. Haz que mi vida sea un reflejo de tu amor y una antorcha que guíe a otros hacia ti. En el nombre de Jesús, amén».

Un vencedor no solo conquista, sino que siembra un legado que continúa conquistando mucho después de su partida. Mañana aprenderemos cómo caminar todos los días en la victoria que Cristo ya nos entregó.

Día 46

Activando mi mentalidad de victoria en el mundo

No camines por lo que ves: camina en la victoria que Cristo ya ganó.

Hoy no cierras un libro; abres una nueva historia. Hoy no terminas un proceso; activas una vida de victoria sin límites. El recorrido que hemos hecho juntos ha renovado tu mente, ha fortalecido tu espíritu y ha sembrado en ti una identidad inquebrantable: ¡Eres un vencedor!

Hoy no cierras un libro, abres una nueva historia. Hoy no terminas un proceso, activas una vida de victoria sin límites. El recorrido que hemos hecho juntos ha renovado tu mente, ha fortalecido tu espíritu y ha sembrado en ti una identidad inquebrantable:
¡Eres un vencedor!

Pero este no es el momento de bajar la guardia. Es el momento de activar lo aprendido en cada área de tu vida. La victoria no es un ideal lejano. Es una realidad presente. La victoria no es un premio al esfuerzo, es un regalo de gracia que ahora decides caminar.

«Mas gracias sean dadas a Dios, que nos da la victoria por medio de nuestro Señor Jesucristo».

1 Corintios 15:57

Hoy vamos a aprender cómo vivir desde esa victoria... y no volver jamás a la mentalidad de derrota.

Ejemplo bíblico: Esteban; un servidor común con un impacto eterno

Esteban no fue uno de los doce apóstoles. No predicó en grandes escenarios ni escribió epístolas. Su asignación inicial fue sencilla: servir las mesas y asistir a las viudas (Hechos 6:1-5). Era, a los ojos humanos, uno más entre los muchos. Pero a los ojos de Dios, era un vencedor en potencia. Esteban fue descrito como «lleno de fe y del Espíritu Santo», un hombre que, aun en lo cotidiano, vivía con una mentalidad del Reino.

Cuando lo arrestaron por causa de su fe, no retrocedió. Lleno del Espíritu, habló con autoridad y revelación. Y cuando lo apedrearon, no maldijo a sus verdugos: oró por ellos, como lo hizo Jesús. Esteban vio los cielos abiertos, contempló a Cristo de pie y entregó su vida sin perder su paz. Su muerte no fue una derrota: fue una semilla. A los pies de quienes lo apedrearon estaba Saulo, quien más tarde sería Pablo, el apóstol que llevaría el Evangelio al mundo conocido.

Esteban nos enseña algo glorioso: no necesitas un gran título para dejar una huella eterna. No tienes que ser famoso para ser fiel. Si estás lleno del Espíritu y caminas con la mentalidad correcta, tu vida puede ser usada por Dios para transformar el mundo, aun desde los lugares más simples.

Tal vez no te ves como un gran líder. Tal vez sirves desde lo invisible, desde lo pequeño, desde lo cotidiano. Pero el cielo no mide la visibilidad: mide la fidelidad. Hoy el Señor te recuerda que si caminas con su Espíritu y vives desde la victoria que Cristo ganó, tu vida dejará un impacto que irá mucho más allá de lo que puedas ver. Como Esteban, puedes marcar una generación, aunque parezca que solo estás sirviendo mesas.

Cómo activar mi mentalidad de victoria en la vida real

Aquí tienes las claves para que tu vida sea una expresión diaria de la victoria que ya te fue dada:

- **Renueva tu mente diariamente con la Palabra de Dios**. La batalla es diaria; la renovación debe ser diaria. «Transformaos por medio de la renovación de vuestro entendimiento» (Romanos 12:2).
- **Vive con la identidad que Dios te ha dado**. Eres hijo de Dios, no lo olvides jamás. «Todos los que son guiados por el Espíritu de Dios, éstos son hijos de Dios» (Romanos 8:14).
- **No luches en tus fuerzas**: lucha con el poder de Dios. No se trata de ser fuerte, se trata de ser dependiente del Espíritu Santo. «No con ejército, ni con fuerza, sino con mi Espíritu» (Zacarías 4:6).
- **No permitas que el enemigo te robe tu verdad**. Cada pensamiento de derrota es una mentira, respóndelo con la verdad de la Palabra. «Resistid al diablo, y huirá de vosotros» (Santiago 4:7).
- **Haz de la oración y la fe tu estilo de vida**. Permanecer en fe no es un acto aislado: es un estilo de vida diario. «Orad sin cesar» (1 Tesalonicenses 5:17).

- **Habla y vive como un embajador del Reino**. Un vencedor no solo guarda la fe: la comparte. Lleva esperanza donde otros ven ruina, y proclama a Cristo en medio de un mundo que necesita salvación. «Así que, somos embajadores en nombre de Cristo, como si Dios rogase por medio de nosotros» (2 Corintios 5:20).
- **Multiplica lo que Dios ha depositado en ti**. Dios no te llamó solo a sostenerte, sino a influir, servir y multiplicar. Usa tus dones, tu historia, tu proceso y tu fe como herramientas para edificar a otros. «Aprovechando bien el tiempo, porque los días son malos» (Efesios 5:16).
- **Permanece en comunidad y forma a otros**. La mentalidad de un vencedor no se fortalece en soledad. Rodéate de otros que edifiquen tu fe y sé tú también un mentor, un sembrador, un edificador de otros. «Exhortaos los unos a los otros cada día, entre tanto que se dice: hoy» (Hebreos 3:13).

Verdades que transforman

- No peleo por la victoria; vivo desde la victoria que Cristo ganó por mí.
- No dependo de mis fuerzas: dependo del poder del Espíritu Santo en mí.
- No permito que las mentiras del enemigo definan mi identidad.
- Mi mente renovada es mi fortaleza invisible y mi arma invencible.
- Cada día despierto como vencedor, vivo como vencedor y conquisto como vencedor.

Preguntas para meditar

- ¿Qué área de mi vida necesita ser conquistada con la mentalidad de victoria?
- ¿Qué verdad bíblica necesito abrazar con más fuerza para este nuevo comienzo?

Acción del día

Crea un plan para activar tu mentalidad de victoria en cada área clave de tu vida. Escribe compromisos concretos para tu fe, tus pensamientos, tus relaciones y tus decisiones. Hoy no escribas un plan para sobrevivir: escribe un plan para conquistar.

Declaración de fe

«Un vencedor no camina hacia la victoria: camina desde la victoria. Hoy activo mi mentalidad de vencedor y vivo para reflejar la gloria de Aquel que ya venció por mí».

Oración del día

«Señor, gracias porque la cruz fue suficiente. Hoy elijo no vivir en derrota ni en temor. Activo tu verdad en cada pensamiento, en cada palabra y en cada paso. Caminaré con fe, avanzaré con valentía y viviré cada día como más que vencedor. En el nombre de Jesús, amén».

La batalla ya fue ganada. Ahora es tu turno de caminar cada día como lo que verdaderamente eres: un vencedor en Cristo.

Sigue avanzando como un vencedor

Este libro no fue solo una serie de capítulos, fue un viaje de transformación interior. Cada página, cada reflexión y cada desafío te llevaron a renovar tu mente, fortalecer tu fe y comenzar a ver la vida con la perspectiva de Dios, no con los límites del temor o del pasado.

Ahora sabes que la victoria no es un destino que debas alcanzar por tu propio esfuerzo. Es una realidad que ya te ha sido dada en Cristo, una herencia que se activa cuando decides creerle a Dios más que a tus circunstancias.

Sin embargo, el verdadero desafío comienza ahora. No basta con haber recorrido estas páginas. Ahora es el tiempo de caminar cada día con la mentalidad de vencedor que has construido. Es crucial que no retrocedas, que no permitas que el enemigo robe las verdades que han sido sembradas en ti. No regreses jamás a una mentalidad de derrota ni pongas en duda lo que Dios ha hablado sobre tu vida.

Cada mañana recuerda que no peleas por la victoria, peleas desde la victoria. No luchas con tus fuerzas, sino con el poder de Dios que habita en ti. No defines tu identidad por las circunstancias, sino por la verdad eterna del cielo. Y no te detienes frente a la oposición, sino que sigues avanzando, impulsado por la misión que Dios ha puesto en tus manos.

El mundo necesita lo que llevas dentro: esa fe renovada, ese amor genuino, esa luz inextinguible. Hoy más que nunca levántate como un vencedor, piensa como un vencedor, vive como un vencedor e impacta como un vencedor.

Esto es solo el comienzo

Llegar al final de este libro no significa llegar al final de tu proceso; al contrario, marca el inicio de una vida que se desarrolla cada día en la mentalidad de victoria. La mentalidad de un vencedor no se aprende en cuarenta y seis días; se construye con cada decisión, se fortalece con cada desafío y se afirma con cada paso que eliges dar en fe.

Quizá, al comenzar este viaje algunas verdades te parecían lejanas o difíciles de vivir. Hoy, sin embargo, has descubierto que tu mentalidad no está atada a lo que ves, sino a lo que crees. No importa lo que enfrentes, la victoria sigue siendo tuya en Cristo. Recuerda que la verdadera batalla no es contra circunstancias externas, sino contra cualquier pensamiento que intente alejarte de tu identidad en Él.

Este libro no fue escrito para darte herramientas de motivación pasajera. Fue diseñado para recordarte quién eres en Dios y para despertar en ti una mentalidad que transforme no solo tu vida, sino también la de otros.

Ahora tienes en tus manos principios, verdades y herramientas poderosas. Pero su impacto dependerá de una sola cosa: que las apliques. Porque no basta con saber quién eres en Cristo: es necesario vivirlo. Por eso, la verdadera pregunta no es: «¿Qué he aprendido?», sino: «¿Qué haré con lo que he aprendido?».

Dios no te trajo hasta aquí solo para verte cambiado. Te trajo para que seas un agente de cambio, para que seas luz, fuerza y esperanza en medio de un mundo que clama por vencedores verdaderos.

Tu victoria no es solo para tu disfrute personal. Es para que a través de ti otros también descubran que en Cristo hay vida, propósito y poder. Un vencedor no se conforma con haber vencido, multiplica su victoria, deja huellas, construye legados, impacta generaciones.

Este no es el final de tu historia. Este es el verdadero comienzo de tu misión. ¡Es tiempo de vivir como un vencedor!

¡Gracias por recorrer este camino!

No importa cómo comenzó tu historia: lo que verdaderamente cuenta es cómo decides escribir cada nuevo capítulo a partir de hoy. Gracias por recorrer este camino, por abrir tu corazón a la renovación y por atreverte a creer que sí es posible vivir como un verdadero vencedor.

Recuerda siempre que no estás solo. El Dios que te llamó es el mismo que te sostiene, te impulsa y te acompaña en cada paso. Sigue avanzando. Sigue creyendo. Sigue impactando. Porque tu vida no solo lleva una historia de transformación, lleva una misión de esperanza que el mundo necesita ver.

¡Nos volveremos a encontrar en cada nueva conquista que vivas como el vencedor que fuiste creado para ser!

Un abrazo para ti,

Rodrigo Riaño del Castillo

BONUS ESPECIAL

Guía práctica. Cómo mantener tu mentalidad de victoria

Este no es solo el final de un libro, es el comienzo de una vida transformada. Aquí encontrarás claves poderosas para que lo aprendido en *Así piensa un vencedor* no sea solo un recuerdo, sino una práctica diaria que fortalezca tu fe, renueve tu mente y te impulse a vivir cada día en la victoria que Cristo ya ganó para ti. ¡Tú no solo leíste este libro: lo viviste! Ahora es momento de consolidarlo en cada paso de tu camino.

1. **Renueva tu mente diariamente**. Lee la Biblia con intencionalidad. No leas por rutina; busca aprender, crecer y aplicar. Medita en versículos clave, memorízalos y repítelos para que fortalezcan tu fe. Escribe pensamientos de victoria. Anota lo que Dios te habla y repásalo constantemente. «No os conforméis a este siglo, sino transformaos por medio de la renovación de vuestro entendimiento» (Romanos 12:2).
2. **Identifica y rechaza los pensamientos de derrota**. Rechaza inmediatamente los pensamientos que no vienen de Dios. Responde con la verdad de la Palabra y declara lo que Dios dice de ti, no lo que el enemigo intenta susurrarte. «Derribando argumentos y toda altivez que se levanta contra el conocimiento de Dios, y llevando cautivo todo pensamiento a la obediencia a Cristo» (2 Corintios 10:5).
3. **Rodéate de personas que refuercen tu fe**. Busca comunidad de fe activa. Aprende de otros vencedores que vivan en mentalidad de Reino y evita conversaciones tóxicas que

apaguen tu pasión espiritual. «Mejores son dos que uno; porque tienen mejor paga de su trabajo» (Eclesiastés 4:9-10).

4. **Mantén tu vida en oración y dependencia de Dios**. Empieza cada día en oración. Ora en todo momento manteniendo comunión constante y confía en la guía diaria del Espíritu Santo. «Acercaos a Dios, y Él se acercará a vosotros» (Santiago 4:8).
5. **Aplica lo que has aprendido en tu vida diaria**. Toma decisiones valientes basadas en fe. Comparte lo que has aprendido con otros y haz del servicio a otros un estilo de vida. «Sed hacedores de la palabra, y no tan solamente oidores, engañándoos a vosotros mismos» (Santiago 1:22).
6. **Ponte un reto personal para los próximos treinta días**. Escoge un área específica donde quieras crecer. Busca versículos que fortalezcan esa área, ora pidiendo dirección y fuerza, actúa diariamente hasta formar nuevos hábitos de victoria. «Todo lo puedo en Cristo que me fortalece» (Filipenses 4:13).

Conectados para crecer: no camines solo

Si este libro ha sido de bendición para tu vida queremos recordarte algo esencial: lo que Dios comenzó en ti, Él mismo lo quiere perfeccionar. Esto no termina aquí. Aún hay mucho más por sanar, transformar y fortalecer porque Dios no ha terminado contigo.

Aunque el camino hacia una mente renovada es personal, no tienes que recorrerlo solo. Dios te sostiene, te guía y también te rodea de herramientas y personas que te animan a seguir avanzando con propósito.

Por eso, queremos invitarte a seguir conectado con nosotros. Visita https://rodrigoriano.com.co/ donde tendrás recursos que pueden ser un apoyo en tu caminar diario con Dios, allí encontrarás:

- Devocionales diarios.
- Videos, *lives* de oración y enseñanzas prácticas.
- Recursos y libros para tu crecimiento espiritual.
- Comunidad que ora, aprende y avanza contigo.

Escanea el siguiente código QR para que puedas explorar nuestras redes sociales, contenidos gratuitos y mucho más. También puedes escribirnos al 312 580 0866 y unirte a nuestra comunidad de lectores. ¡Queremos conocerte y saber cómo este libro impactó tu vida! Síguenos en todas nuestras redes sociales.

https://www.rodrigoriano.com.co

Comparte tus aprendizajes, testimonios o temas de interés en nuestras redes. Usa tu voz para edificar a más personas, así ayudas a otros a crecer.

¡Un abrazo y bendiciones!

¿LISTO PARA MÁS?

¡AQUÍ COMIENZA TU PRÓXIMA LECTURA!

Disponibles en Amazon

y en nuestra página web

Escríbenos:

+573125800866

Made in United States
North Haven, CT
10 November 2026

22084219R00217